中国人民大学科学研究基金（中央高校基本科研业务费专项资金资助）项目成果（14XNJ011）

改革中的中国天然气市场回顾与展望

陈占明　张晓兵　主编

中国社会出版社
国家一级出版社 · 全国百佳图书出版单位

图书在版编目（CIP）数据

改革中的中国天然气市场：回顾与展望 / 陈占明，张晓兵主编．--北京：中国社会出版社，2018.5

ISBN 978－7－5087－5968－5

Ⅰ.①改… Ⅱ.①陈…②张… Ⅲ.①天然气工业—市场经济—研究—中国 Ⅳ.①F426.22

中国版本图书馆 CIP 数据核字（2018）第 092991 号

书　　名： 改革中的中国天然气市场——回顾与展望
主　　编： 陈占明　张晓兵

出 版 人： 浦善新
终 审 人： 李　浩
责任编辑： 陈贵红

出版发行： 中国社会出版社　　　**邮政编码：** 100032
通联方式： 北京市西城区二龙路甲 33 号
电　　话： 编辑部：（010）58124828
邮购部：（010）58124848
销售部：（010）58124845
传　真：（010）58124856
网　　址： www.shcbs.com.cm
shcbs.mca.gov.cn
经　　销： 各地新华书店

中国社会出版社天猫旗舰店

印刷装订： 三河市华东印刷有限公司
开　　本： 170mm×240mm　1/16
印　　张： 11
字　　数： 136 千字
版　　次： 2018 年 8 月第 1 版
印　　次： 2018 年 8 月第 1 次印刷
定　　价： 45.00 元

中国社会出版社微信公众号

目 录
CONTENTS

绪　论

构建合理有效的天然气市场是引导我国天然气产业健康发展的重要保障。进入21世纪以来，我国政府启动了天然气市场的全方位改革，包括产业结构改革、价格管理体制改革、价格形成机制改革、价格水平调整和价格结构调整等。改革的核心是形成合理的天然气市场结构、建立科学的价格形成机制，实现管住中间、放开两头的天然气产业格局。

虽然我国在天然气市场化改革过程中取得了一系列的成果，但距离实现改革目标还任重道远。在国际原油价格低位震荡和中国经济新常态的背景下，应正确评估中国天然气市场化改革已取得的成果，理性面对存在的问题，制定符合天然气市场发展和经济规律的深化改革顶层设计和实施路径，确保中国天然气产业和天然气市场的持续健康发展。

首先，本书第一章梳理了我国天然气产业的供需现状，通过最新的行业数据对我国天然气产地、产量、供需缺口、进口方式等进行了说明。其次，本章分析了我国天然气市场的产业组织结构，使用赫芬达尔—赫希曼指数对我国天然气上游供应环节的市场集中度进行了测度。随后，本章对我国天然气市场化改革的历史进程进行了总结，对改革进程中具有重要意义的政策进行了梳理。

在第二章里，我们分别对美国、英国和欧盟的天然气市场化改革历程和改革经验进行了简要介绍。从上游市场角度看，中国和美国在国家面积、天然气资源多样性与丰富性等方面具有一些共同点；而英国在进行市场自由化时所面临的处境与中国当前面临的处境最为接近；同时，中国还面临着与欧盟类似的既需要吸引新的进口资源，还需要发展相应的基础设施的问题。最终，本章通过对上述国家和地区的经验总结，尝试从监管制度建设、产业组织结构调整、定价机制设计等方面为我国天然气市场化改革提供参考建议。

我国天然气需求量快速上升，考虑到我国天然气生产能力的客观限制，我国与国际天然气市场的关联将越来越紧密。在这样的背景下，国际天然气价格的波动对我国天然气的供给和需求必然产生重大的影响。第三章介绍了国际天然气价格和其他能源产品（以原油为例）以及非能源大宗商品（以玉米为例）的价格关联。我们的研究发现，天然气价格与原油价格存在一致趋势，协整分析表明两者之间存在长期均衡关系，反映出两个市场受到共同的经济因素的干扰，其中既有货币政策、美元汇率、地区军事冲突和投机交易行为等的因素，又有两者之间替代关系和互补关系的链接作用。线性格兰杰因果检验的结果表明，天然气市场与原油市场之间存在单向的格兰杰因果关系，原油市场价格的波动影响天然气市场价格的波动，而天然气的价格波动对原油价格的波动没有显著的影响。基于 PT 模型和 IS 模型的价格发现的分析表明，原油市场对共同有效价格的贡献高于天然气市场。此外，本章还使用时间序列的分析工具，分析了能源市场与农产品市场之间的协整关系、线性和非线性格兰杰因果关系以及两个市场对大宗商品市场共同有效价格的贡献。进一步的研究方向是天然气市场与农产品市场之间的联动与非对称关系的具体作用机制，研究各种政治事件、天气因素等冲击对两个市场的不同作用，识别出影响两个市场的共同因素和只影响其中一个市场的特殊因素。

第四章使用经典产业组织理论中的古诺模型和伯川德模型对北京天然气行业的市场化改革方向进行了模拟。古诺模型的模拟结果表明供气商的竞争将会带动总供应量的迅速增加。但随着经济增长，市场需求增加，市场均衡价格会出现明显上升。当引入更多的供气商进行竞争时，市场总供应量将会得到提高，均衡价格则会有所下降。该模型对未来在城市燃气改革的过程中引入上游供应商竞争，并实施统一市场出清交易形式的情景进行了模拟，通过模拟结果发现竞争性供应商的增加对市场培育和降低消费者负担具有积极作用，因此放松对进入门槛的限制应当成为未来改革的方向之一。伯川德模型近似模拟了对供气者实施成本加成定价的情景，也就是说供气者的供气价格差异反映了供气成本差异，在该情境下，市场成交价格比古诺模型情境下更低，更具有市场效率。然而在市场化改革中采用成本加成定价的主要问题在于对成本的监管以及市场进入者由于收益保障所导致的经营无效率，因此，监管能力建设、惩罚机制及市场进出机制的设计在此显得尤为重要。

在我国制定和完善居民天然气阶梯价格制度的过程中，针对居民天然气消费对价格变化响应机制的研究，特别是针对天然气消费价格弹性系数的估计与应用研究，具有重要的政策支撑作用。第五章利用中国居民能源消费调查与中国综合社会调查的2014年截面数据，通过使用非居民用天然气价格作为居民天然气价格的工具变量，对家庭层面居民天然气消费与天然气价格之间的关系展开分析。在均值水平上，经过工具变量修正得到的居民天然气消费价格弹性系数绝对值小于1，说明天然气对居民而言属于缺乏弹性的能源产品，短期来看提升气价对抑制居民天然气消费效果较小。针对不同分位点的分析结果表明，低消费水平的居民受到能源价格变化的影响更弱，而其他消费水平的居民使用天然气的量与天然气价格显著相关。我们利用上述结果对当前天然气阶梯价格方案进行优化，优化方案中的各档气价低于实际政策中的各档气价，同时各档气量则高于实际政策气量。

近年来，我国天然气价格市场化改革进程加快，修改了定价机制，建立并逐步完善了监管框架，一定程度上理顺了非居民用气价格，并开始对居民用气价格进行调整。在进一步深化改革的过程中，必须意识到天然气价格改革和天然气产业链的结构改革是相辅相成的，深入的价格改革还需要相应的产业链结构改革来支撑。在本书的最后一章我们总结了过去我国天然气市场化改革在价格管理、价格调整和价格监管框架方面取得的成果，并对我国天然气产业链的不同环节当前仍然存在的问题进行了归纳。此外，由于天然气产业中不同环节的产业结构差异，未来的价格改革在不同产业环节的最终目标和实现途径都会有所差别，因此本章还针对我国天然气产业不同环节的特点，对我国天然气市场化改革提出相应的政策建议。

在本书的编写过程中，张蕾、曾诗培、王丽媛、胡竞秋、王延康、龚徐炎、马泽明等在文献收集、数据整理、图表制作、实地调研以及部分章节写作等过程中作出了重要的贡献，在此对相关人员表示由衷的感谢！

第一章

中国天然气市场发展概况

1.1 供需现状

中国是一个能源消费大国，也是天然气消费大国。2016 年中国一次能源消费量约为 29 亿吨石油当量，位居世界第一，占全球一次能源消费总量的 22.6%；而天然气消费量 1.8 亿吨石油当量，排在全球第三位，消费量仅占全球总消费量的 5.6%。相比于其他经济体，中国的天然气消费占一次能源消费的比重还很低，2016 年这一比重仅为 6.2%，而全球范围来看这一比重平均为 24.9%，因此中国天然气消费比重上升还有很大的空间。①

过去的几十年里，中国经济的发展依赖大量的能源投入。由于我国长期以来能源结构以煤炭为主，煤炭的大量消费带来了严重的污染问题，诸如雾霾笼罩、水土恶化等问题。天然气作为传统能源中较为清洁的一类，在未来将会发挥更加重要的作用。居民生活消费、天然气汽车、天然气发

① 数据来源：中国石油经济技术研究院。

电都是未来中国天然气消费的增长点，在可以预见的未来，中国天然气消费会不断上升。

然而我国国内的天然气储量并不丰富，中国探明天然气储量仅占全球的3%左右，排在世界的第9位。而且，我国天然气探明储量的增长速度远远跟不上需求的增长速度，我国天然气储采比从1998年的59年持续下降到2016年的39年，远低于同期世界53年的平均水平（BP，2017）。

此外，我国天然气资源开发难度相对较大，主要表现在三个方面：一是天然气资源总储量中伴生气储量占比高，为20.1%，利用率低；二是气田规模偏小，国外大气田的可采储量标准通常是1000亿立方米，而我国能够达到该标准的气田到2009年为止只有6个；三是丰度偏小、低渗储层占比高、埋深大、远离需求中心（陈义和等，2009）。

2015年我国天然气产量1380亿立方米，同比增长5%，整体保持平稳增长。从区域产量来看，陕西、新疆、四川产量丰富，分别为416亿立方米、293亿立方米、267亿立方米，占到全部产量的32%、22%和20%。

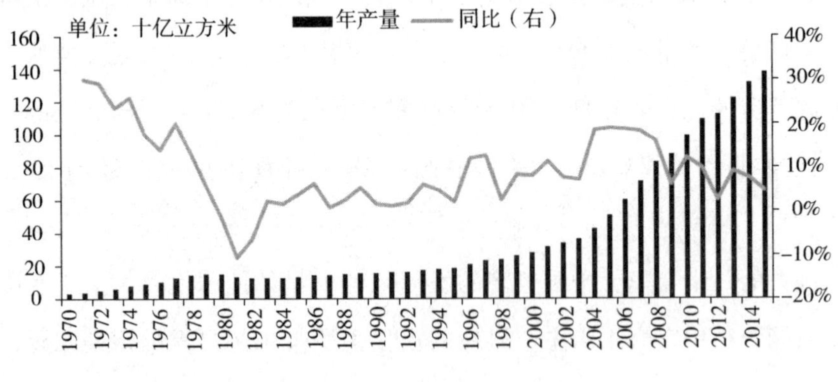

图1-1 我国天然气产量①

① 数据来源：BP（2017）；Wind数据库。

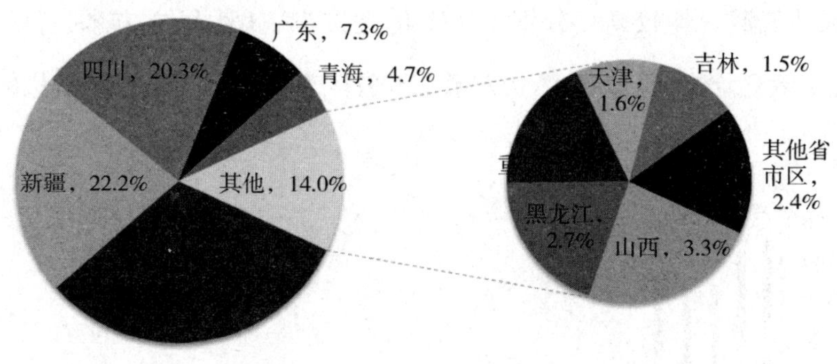

图1－2 分省份天然气产量①

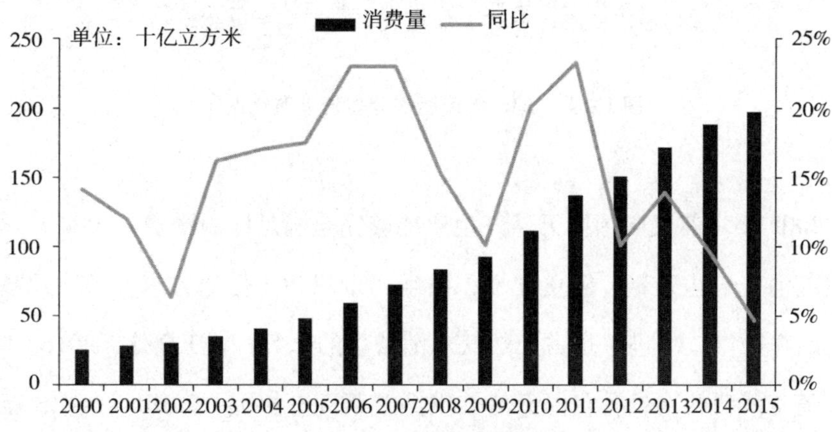

图1－3 我国天然气消费情况②

2015 年我国天然气消费量 1973 亿立方米，同比增长 5%，较 2014 年增幅下滑 5 个百分点。从整体走势来看，天然气消费量逐年增长，但增速

① 数据来源：BP（2017）；Wind 数据库。
② 数据来源：BP（2017）；Wind 数据库。

从2011年以后有所下滑。2015年四川、江苏、北京、新疆、广东等省份的天然气消费量较高，分别是171亿立方米、165亿立方米、147亿立方米、146亿立方米、145亿立方米，五省区市占到当年全国消费量的40%。

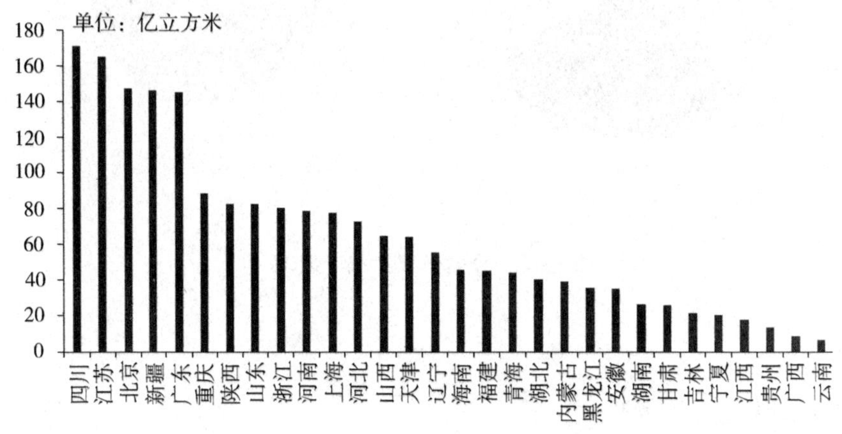

图1－4　2015年天然气分省份消费情况①

2008年之前我国国内天然气生产能够完全满足国内消费。2008年国内天然气消费量达到807亿立方米，而生产量只763亿立方米，首次出现天然气的净进口，净进口量占天然气总消费量的5.5%（汪金伟，2016）。此后，随着消费的增长，我国天然气供需差距逐渐扩大，2016年，中国天然气消费量为2040亿立方米，而中国的天然气进口量高达733亿立方米，进口比例上升到了35%以上②。如果不考虑非常规天然气资源的发展，未来国内的供给缺口还会进一步加大，因此进口天然气成为我国天然气供应的一个重要来源。当前，中国的陆上天然气进口来自中国—中亚管道、中

① 数据来源：国家统计局；Wind数据库。

② 数据来源：中国石油经济技术研究院。

国—俄罗斯东北亚管道，以及海上 LNG。海上 LNG 进口主要来自卡塔尔、印度尼西亚、澳大利亚、马来西亚等国。

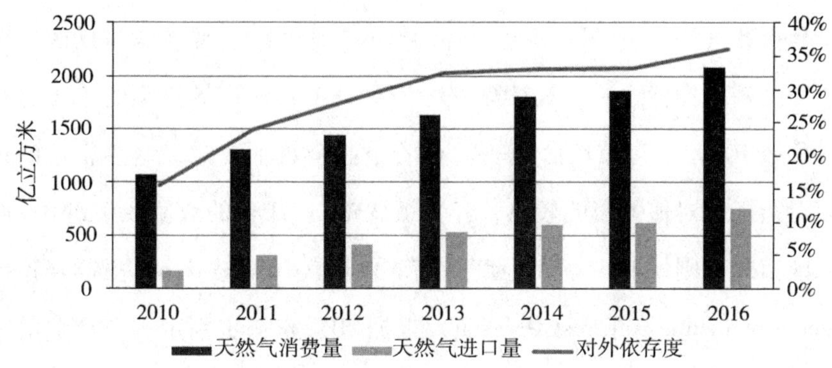

图 1－5 中国天然气消费与进口情况①

1.2 产业结构

天然气从勘探开发到最终消费，是一项复杂的系统工程。中国的天然气市场在各个环节都存在市场集中度较高的情况，上游具有勘探开发资质的企业只有四家，分别是中石油、中石化、中海油以及陕西延长石油。从国内生产来看，陆上天然气开采主要由中石油完成，海上天然气开采主要由中海油完成。陆地上的天然气管道主要由中石油和中石化运营，两家公司分别拥有自己的长距离输气管道，其中中石油是跨省长输管道的主要运营者。各个地方的燃气公司，大多从这两家公司购买管道天然气，然后由城市燃气公司通过城市配气管网，将天然气输送给居民、工商业用户。也

① 数据来源：中国石油经济技术研究院。

有一部分工业用户直接从上游供气商处购买天然气，不经过城市燃气公司。

市场集中度是分析一个行业产业组织结构的重要指标，而赫芬达尔—赫希曼指数（Herfindahl - Hirschman Index，HHI）通常被认为是衡量市场集中度的基本指标之一，其计算方法为对每个企业市场份额的平方进行加总后乘以 10000（当市场份额非常小的企业个数不多时，这些企业的市场份额对指标绝对值的影响较小，经常被忽略）。HHI 的数值在 0 到 10000 之间，该值越高则说明市场集中度越高。例如美国司法部反垄断部门（Department of Justice Antitrust Division）根据 HHI 来初步判定一个产业的市场集中度：HHI 在 1500 至 2500 的产业具有适度市场集中度（moderately concentrated），HHI 在 2500 以上的产业市场高度集中（highly concentrated）。而使得 HHI 上升超过 200 点的交易，通常被视作会加强市场势力的活动，从而受到重点监管①。以我国国内天然气生产为例，HHI =（中石油产量份额的平方 + 中石化产量份额的平方 + 中海油产量份额的平方）× 10000②。经计算，2000 年以来，HHI 指数呈现先上升后回落的态势，近年来基本稳定在 5500 左右，可见我国国内天然气开采的市场集中度是非常高的。2016 年，中石油生产天然气 80 万亿立方英尺，占比为 72.6%；中石化生产天然气 19 万亿立方英尺，占比为 17.5%；中海油生产天然气 11 万亿立方英尺，占比约为 10%。

① 参见 https://www.justice.gov/atr/herfindahl-hirschman-index.（最后访问于 2017 年 6 月 28 日。）

② 陕西延长石油公司的产量份额过小，在此忽略。

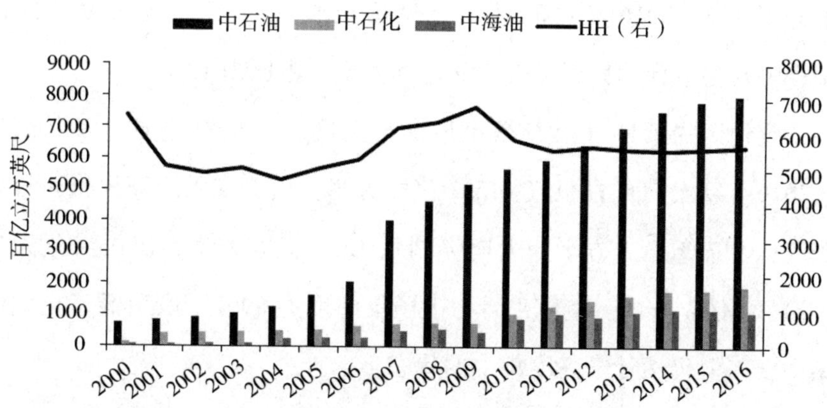

图 1－6　天然气生产的市场集中度①

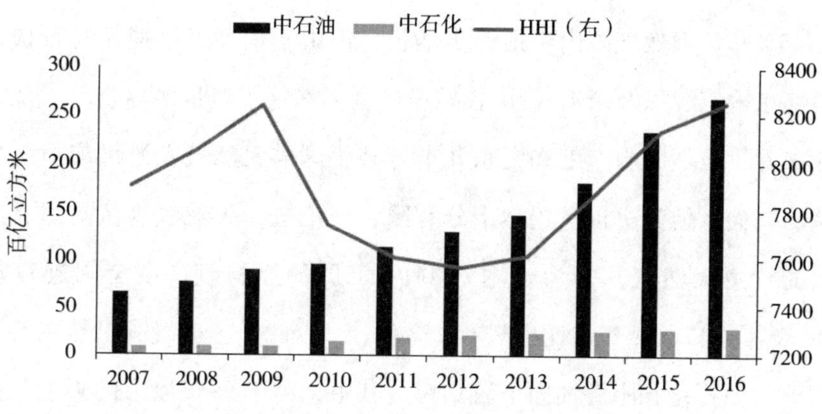

图 1－7　天然气上游销售市场集中度②

从我国天然气上游（非终端）销售来看，主要卖方是中石油、中石化两家公司，反映整体市场集中度的 HHI 呈现先下降后回升的态势，但总体而言一直超过 7500，处于高度集中的状况。2016 年 HHI 为 8253，较 2015

① 数据来源：公司年报；Wind 数据库。
② 数据来源：公司年报；Wind 数据库。

年上升了116。2016年中石油累计销售天然气2695亿立方米，占比为90%；中石化累计销售天然气289亿立方米，占比为10%。

特定地区的天然气上游销售情况与全国相比略有差异。以北京市为例，2016年天然气终端供气142.1亿立方米，由三家供应商提供：分别是长庆气田117.3亿立方米，大唐煤制气12.8亿立方米，唐山液化天然气（LNG）12亿立方米。整体来看，市场集中度为6967，虽稍低于全国的市场集中度，但仍然处于高度集中的状态。

由于我国天然气的进口量和进口依存度近年来在逐渐提高，进口气源的引入对我国天然气供应的市场结构造成了一定影响。2016年，天然气产量1371亿立方米，同比增长1.5%；天然气进口量721亿立方米，同比增长17.4%①。天然气国内产量稳步增长，但由于消费量增速相对较快，随着西气东输三线以及新LNG接收站投产，天然气进口量增幅较大。从进口企业来看，虽然新疆广汇和广东九丰打破了国内天然气上游供应由三桶油控制的局面，但其进口量仍然十分有限，广汇进口天然气为从哈萨克斯坦进口的管道天然气，作为吉木乃LNG工厂的原料气，占全国进口量约1%；九丰进口天然气占比也只有1%左右。因此，进口气源仍然主要通过中石油、中石化和中海油向下游销售。其中，由于99%以上的管道气由中石油进口，在管道气进口量大幅增长带动下，中石油进口量占比达到62%（其中包含第三方北京燃气、中国燃气进口量，占比分别为0.2%和0.1%）。受益于北海接收站投产，中石化进口量占比6%。中海油天然气进口全部来自LNG，占中国LNG进口量的66%，占天然气进口总量的30%。整体计算来看，2016年进口天然气供应的HHI为4753，而包括进

① 2016年天然气运行简况，http：//www.ndrc.gov.cn/jjxsfx/201701/t20170123_836252.html。

口气源的天然气供应市场 HHI 为 5273，虽然仍然处于高度集中的业态，但其集中程度较国内开采环节要小得多。

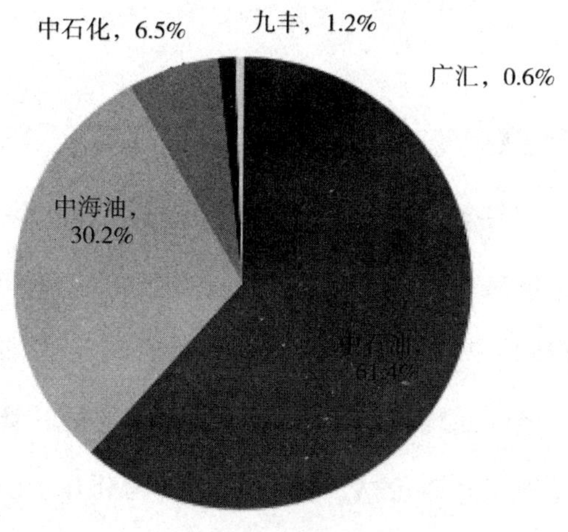

图 1-8　天然气进口量分布①

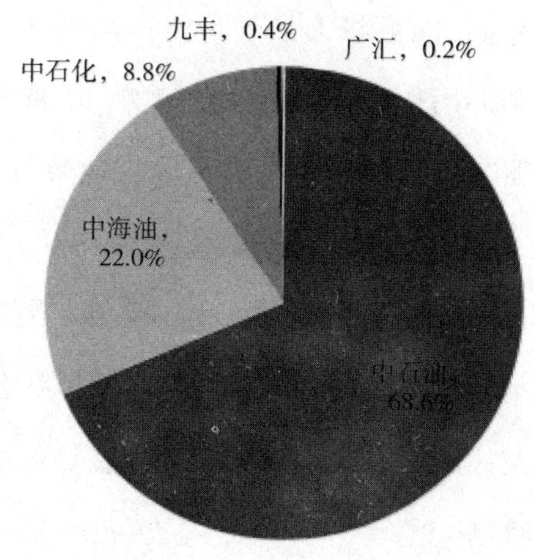

图 1-9　天然气供应量分布②

① 数据来源：海关进口数据。
② 数据来源：海关进口数据。

1.3 市场演化

参考齐欢（2004）、褚明斌（2013）、毛家义（2015）及王富平等（2017）的研究，我国天然气市场的发展进程可以分为三个阶段：启动期（1957—2004）、发展期（2005—2009）和快速发展期（2009 年至今）。

启动期（1957—2004）。这一阶段，政府对于天然气的管理能力和管理水平由于缺乏经验而均显不足。我国天然气价格的管理最早从 1957 年的四川开始，主要规制井口价格，由政府定价为 0.07 元/立方米。1982 年天然气价格调整为 0.08 元/立方米，同年 5 月率先在四川省开展价格双轨制，此后我国的天然气价格进入了双轨制时期。1984 年国务院下发《关于提高四川天然气价格的批复》，同意将天然气价格提高到 0.13 元/立方米，并限定调价部分的收入全部用作气田开发。1987 年 10 月 27 日，国家计委、财政部、石油部联合发布《关于天然气商品量管理暂行办法》，天然气价格不再完全由政府定价，改为政府定价、政府指导价和协议价并行（马欣，2014），天然气价格变为由井口气价、净化费、管输费三部分组成。我国对天然气价格规制的重点也在之后的一段时间里从井口气价转为对管输费的规制。总的来说，这一阶段我国天然气产量迅速增加，定价模式从政府统一定价转入双轨制。

发展期（2005—2009）。这一阶段，经过上一阶段的天然气产量迅速增长，天然气已经成为我国不可缺少的重要能源。2004 年 12 月 30 日西气东输正式商业化运作，是我国天然气市场改革进程的一个重要节点，这个节点可以视为天然气市场进入第二阶段的标志。西气东输一线建成通气后，我国天然气市场迅速扩大，天然气产业链进入快速发展。为了适应天然气市场的发展，天然气的价格不再实行垄断性定价和市场定价的双轨制，转而实行政府指导价。2005 年 12 月 23 日出台的《关于改革天然气出厂价格形成机制及近期适当提高天然气出厂价格的通知》将天然气分为一档气和二档气，天然气价格实行双轨制下的政府指导价（徐婷婷，2017）。

快速发展期（2009 年至今）。西气东输二线的到来推进了我国天然气价格改革。这一阶段大量改革措施出台，加快了对天然气市场的改革。2010 年 5 月 30 日，国家发改委发出《关于提高国产陆上天然气出厂基准价格的通知》，提高了天然气出厂价格，并将一、二档气并轨，取消了双轨制，实行政府指导价，且允许 10% 的价格浮动。2011 年 12 月 26 日，国家发展改革委发出《关于在广东省、广西壮族自治区开展天然气价格形成机制改革试点的通知》，在两个试点实行市场净回值定价的政府指导价。2013 年 6 月 28 日，《关于调整天然气价格的通知》中明确在全国门站推广市场净回值定价的政府指导价。2014 年《关于建立健全居民生活用气阶梯价格制度的指导意见》划分了三档居民用气量，建立了居民用气阶梯价格制度。在过去的两年里，改革进程加快。2015 年 4 月 1 日，国家发改委发布了《关于理顺非居民用天然气价格的通知》；2015 年 11 月 18 日发布了《关于降低非居民用天然气门站价格并进一步推进价格市场化改革的通知》，加快了理顺非居民用天然气的步伐，降低了非居民用天然气的价格；2016 年 11 月 20 日又发布了《关于明确储气设施相关价格政策的通知》，明确了由供需双方协商确定储气服务价格。而在输配气价格方面，随着 2016 年《关于加强地方天然气输配价格监管降低企业用气成本的通知》《天然气管道运输价格管理办法（试行）》和《天然气管道运输定价成本监审办法（试行）》和 2017 年的《关于加强配气价格监管的指导意见》的颁布，天然气市场化改革的“管住中间”部分进入收尾，天然气产业链全环节的监管框架形成。在这一阶段中，我国天然气价格市场化进程加快，改变了定价机制，建立了监管框架，理顺了非居民用气价格，并开始对居民用气价格进行调整。

表1－1　天然气市场化改革的重要文件与政策①

关键时点	相关文件	定价方式	主要内容
1982 年以前		政府定价	完全由政府制定国内天然气价格
1987 年 10 月 27 日	《天然气商品量管理暂行办法》	分为中央政府定价、政府指导价和协议价三种形式	计划气由中央政府按用途、油田单独定价；计划外气和西气东输、忠武线、陕京线等新建管道项目实行政府指导价；实际执行中出现少数交易采用协议价。
1992 年 6 月 25 日	《国务院关于提高铁路货运、煤炭、天然气价格的通知》	实行分类气价	根据用户用气性质不同，将天然气分为工业用气、商业用气、化肥用气和城市居民用气。
2002 年 1 月 16 日	《国家计委关于规范天然气价格管理等有关问题的通知》	将井口气价和净化费合并为天然气出厂价	在天然气井口价外增加的净化费，合并为统一的天然气出厂价，出厂价每立方米提高 3 分钱。

① 本表部分内容参考殷建平（2014）、马欣（2014）、毛家义（2015）、张娱（2016）、徐婷婷（2017）、周淑慧（2017）、陈新松（2017）、李崚譞（2017）等整理。

续表

关键时点	相关文件	定价方式	主要内容
2003年9月28日	《关于西气东输天然气价格有关问题的通知》	西气东输天然气价格实行政府指导价	西气东输天然气出厂价格实行政府指导价，具体价格在国家发展改革委制定的出厂基准价上由供需双方在10%的浮动范围内协商确定；管道运价则由国家发展改革委进行政府定价。干线以及中国石油天然气集团公司建设的支线分输站以下的输配气价格及销售价格由省级物价部门制定。
2005年12月23日	《关于改革天然气出厂价格形成机制及近期适当提高天然气出厂价格的通知》	价格双轨制下的政府指导价	实际执行价格接近计划内气价且差距不大的油田气的气量以及全部计划内气量（一档气）实行政府指导价，通过3~5年过渡到与可替代能源价格挂钩；除上述用气以外（二档气）以980元为基准价，与可替代能源（原油、液化石油气、煤）价格挂钩。
2010年5月30日	《国家发改委关于提高国产陆上天然气出厂基准价格的通知》	提出取消价格双轨制，实行政府指导价	各油气田（西气东输、忠武线、陕京线、川气东送）出厂（或首站）基准价格每千立方米均提高230元。同时将大港、辽河和中原三个油气田一、二档出厂基准价格加权并轨，取消价格“双轨制”。国产陆上天然气一、二档气价并轨后，将出厂基准价格允许浮动的幅度统一改为上浮10%，下浮不限。
2011年12月26日	《国家发展改革委关于在广东省、广西壮族自治区开展天然气价格形成机制改革试点的通知》	在两广地区试点使用市场净回值定价代替成本加成定价	选取上海市场（中心市场）作为计价基准点，以进口燃料油和液化石油气作为可替代能源品种，并分别按照60%和40%权重加权计算等热值的可替代能源价格，然后，按照0.9的折价系数，即把中心市场门站价格确定为等热值可替代能源价格的90%。

续表

关键时点	相关文件	定价方式	主要内容
2013年6月28日	《国家发展改革委关于调整天然气价格的通知》	门站价施行基于市场净回值法的政府指导价	天然气价格管理由出厂环节调整为门站环节，门站价格为政府指导价，实行最高上限价格管理。区分存量气和增量气，增量气一步按"两广试点方案"调整到位，存量气逐步调整，争取在"十二五"末调整到位。
2014年3月21日	《关于建立健全居民生活用气阶梯价格制度的指导意见》	按用气量将气价分为三档，各档气价实行超额累计加价	第一档用气量，按覆盖区域内80%居民家庭用户的月均用气量确定，保障居民基本生活用气需求；第二档用气量，按覆盖区域内95%居民家庭用户的月均用气量确定，体现改善和提高居民生活质量的合理用气需求；第三档用气量，为超出第二档的用气部分。
2015年2月26日	《关于理顺非居民用天然气价格的通知》	存量气和增量气门站价格并轨，放开天然气直供用户（化肥企业除外）用气门站价格	从2015年4月1日起，各省增量气最高门站价格每立方米下降0.44元，存量气最高门站价格每立方米上调0.04元，实现增量气和存量气价格并轨。通知还规定了放开天然气直供用户（化肥企业除外）用气门站价格，由供需双方协商定价，进行市场化改革试点。
2015年11月18日	《关于降低非居民用天然气门站价格并进一步推进价格市场化改革的通知》	非居民用天然气最高门站价格降低，2016年11月20日起允许上浮。	将非居民用气最高门站价格每千立方米降低700元，并由现行最高门站价格管理改为基准门站价格管理，供需双方可在基准门站价格基础上，在上浮20%、下浮不限的范围内协商确定具体门站价格。

续表

关键时点	相关文件	定价方式	主要内容
2016 年 8 月 31 日	《关于加强地方天然气输配价格监管降低企业用气成本的通知》	加强天然气输配价格监管，降低下游企业用气成本	全面梳理天然气各环节价格，降低过高的省内管道运输价格和配气价格，减少供气中间环节，整顿规范收费行为，建立健全监管长效机制。
2016 年 10 月 9 日	《天然气管道运输价格管理办法（试行）》《天然气管道运输定价成本监管办法（试行）》	加强天然气管道运输价格管理，规范定价行为	管道运输价格按照“准许成本加合理收益”原则制定，运输企业的管道运输业务年度准许总收入由准许成本、准许收益以及税费组成，规范管道运输定价成本构成、核定。
2016 年 11 月 10 日	《关于推进化肥用气价格市场化改革的通知》	全面放开化肥用气价格	由供需双方协商确定。鼓励化肥用气进入石油天然气交易中心等交易平台，通过市场交易形成价格，实现价格公开透明。
2016 年 11 月 20 日	《国家发展改革委关于明确储气设施相关价格政策的通知》	储气服务价格由供需双方协商确定，储气设施天然气购销价格由市场竞争形成。	储气服务价格由储气设施（不含城镇区域内燃气企业自建自用的储气设施）经营企业根据储气服务成本、市场供求情况等与委托企业协商确定。储气设施天然气购进价格和对外销售价格，由市场竞争形成。储气设施经营企业可统筹考虑天然气购进成本和储气服务成本，根据市场供求情况自主确定对外销售价格。
2017 年 6 月 20 日	《关于加强配气价格监管的指导意见》	明确了配气价格的监管办法	核定独立的配气价格，规范配气价格的制定方法、准许成本的核定、准许收益的确定，规范配气价格的制定和校核，规范新通气城镇初始配气价格的制定，加强配气延伸服务收费监管，要求抓紧制定出台配气价格监管规则，及时开展成本监审和核定配气价格，推动信息公开强化社会监督。

第二章

国际天然气市场发展经验

相对于大多数欧美发达国家，我国天然气市场发展较晚，且天然气占一次能源比例较低。因此，对国际天然气市场的发展经验进行总结和借鉴，对我国天然气产业政策的制定具有重要的指导意义。

2.1 美国天然气市场

根据谢茂（2015）、Tussing and Barlow（1984）等人的分析，美国天然气产业发展可以分成以下五个主要阶段：（一）从 1891 年到 1938 年的长输管道推动产业发展阶段；（二）从 1938 年到 1978 年的前市场化阶段；（三）从 1978 年到 1996 年的市场化第一阶段；（四）从 1996 年到 2008 年市场化第二阶段；以及（五）2008 年以后由于页岩气革命带来的微利润阶段。

在第一阶段，焊接钢管等技术的发展促进了天然气的运输和贸易，州际市场监管的不足则导致了州际公司垄断市场局面的出现。因此，1938 年联邦政府颁布了《天然气法》（The Natural Gas Act，简称 NGA）对该现象进行监管，这也标志着美国天然气产业进入市场化第一阶段。该法案要求联邦动力委员会（The Federal Power Commission，简称 FPC）介入对州际天然气公司的监管，并且实施了历史成本加合理收益率的天然气管输费标准，从而鼓励管道投资。后来，FPC 于 1974 年实施的井口价格上限导致天然气市场开始出现供不应求的现象，进而导致了 1976—1977 年美国北部地区发生严重的气荒。面对气荒局面，1978 年美国国会颁布了《天然气政策法》（The Natural Gas Policy Act ，简称 NGPA），通过该法案尝试建立统一的天然气市场，利用市场需求刺激供应，并且允许市场自行决定天然气价格。该法案催生了美国天然气行业的改革。1992 年联邦监管委员会颁布法令要求管道公司拆分业务并向第三方提供管道和储存容量服务，逐渐改变了美国天然气市场的贸易模式，创造了竞争性的天然气二级交易市场（谢茂，2015），直接导致美国天然气市场随后进入市场化第二阶段。2008 年以后，页岩革命的出现导致美国天然气价格下滑，并且与国际天然气市场价格出现比较大的差距，但是美国天然气出口不足的现状使得美国天然气市场进入微利润时代。

20 世纪 80 年代以前美国的天然气产业结构比较简单，天然气生产企业进行勘探和生产，管道公司从井口购买天然气，然后将天然气运输并出售给地方分销商，最后分销至终端用户。80 年代以后的一系列法规法令导致美国天然气市场上独立的市场营销商、经纪公司及交易中心的诞生等，促进天然气交易服务的快速发展。Shively and Ferrare（2011）对美国天然气行业主要从业者分成上游的生产商、集输管道公司、天然气加工厂、财务服务公司，中游的市场营销商、经纪公司、州际管道公司、储气库、交易中心运营商、纽约商业交易所、财务服务公司、电子交易所，以及下游的地方分销商、零售营销商和终端用户。

2.2 英国天然气市场

英国天然气行业的市场化过程可以分为1986年之前的垄断时期，1986年到2002年的走向市场化阶段和2002年以后的有管制的市场化阶段（刘万里，2015）。1986年进行私有化改革之前，英国天然气公司（BG）一直是英国天然气行业的垄断供应者；1986年后，通过制定相关法规、建立专业化子市场、设置专业化监管机构等方式，打破了BG对天然气行业的垄断，鼓励了天然气多元化供应；2002年英国天然气与电力监管办公室（Ofgem）允许任何消费者和天然气供应商签订合同，标志着英国天然气行业的市场化进程的完成。

2.3 欧盟天然气市场

欧盟天然气市场化改革从1998年正式开始，但前期进展缓慢，政府对行业监管约束不足。2009年7月，欧盟发布第三次市场开放套案（“第三次套案”）（Third Energy Package），加大在监管和管网两方面的建设力度，开始了天然气市场的全面改革（李博，2015）。总的来说，欧盟的天然气市场化改革是一个十分反复的过程，这是由于欧盟内部复杂的政治因素导致的。然而，对天然气市场的改革推动了欧洲天然气管道的联网和市场的融合，这为欧洲天然气交易中心的建立以及天然气期货与期权交易的发展提供了基础（段言志等，2015）。在改革过程中，天然气市场法律体系逐步健全、价格机制持续完善、产业监管日渐严格、交易方式日益多元，这些都是值得中国借鉴的地方。

2.4　经验总结

在对欧美国家中具有代表性的天然气市场化改革的总结与分析中，我们可以获得一些借鉴与启示。

（1）现状与问题①

首先是改革的时机，基本可以明确应该在天然气产业具备一定规模后，各项基础设施以及设备大多进行了摊还之后开始市场化改革进程。但由于中国是国企处于垄断地位，与英国相似，也可以发展与改革同时进行。因此在进一步推行我国天然气市场化改革的过程中究竟选择何种路线是一个重要的问题。

其次是改革方式，也就是如何改。由于中国独特的国情，改革方式上一定要因地制宜，很难直接借鉴国际经验。但中国的利益相关方依然可以从不同的国外市场的已有经验中吸取教训。

在将国外天然气市场实行自由化时的市场特征与中国现在所处的阶段的市场特征进行比较，可以发现以下现象：首先我国国内市场的天然气消费规模仅次于美国，大于其他任何市场的规模；其次，我国通过进口贸易与全球天然气市场的联系越来越紧密；再次，我国的天然气市场依然处于相对初期阶段，在过去十多年先后出现诸如进口、西部地区产量扩大、跨国长距离管道建设等许多变化；最后，我国的长距离和高压传输网络相对

① 本部分主要参考马宝玲（2014）归纳。

不足但仍然在快速增加，将天然气从西部的生产地区输送过来仍然面临较大的物理约束。

相比之下，许多欧美国家在开始实行天然气市场自由化的数十年前，天然气产业已经比较成熟。如果将1978年视作美国市场自由化的关键时期，那美国当时的天然气产业已经较中国当前的状况要成熟得多了。大多数欧洲国家在20世纪90年代末开始实行天然气市场自由化改革时，其天然气传输、储存和配送基础设施已大多数进行了摊还。此外这些国家的居民用户群在过去十年一直以平稳的态势增长。

作为市场自由化先驱的英国在进行天然气市场自由化时的处境与中国当前的处境是比较接近的。1986年英国开始对其天然气市场实行自由化，随后在90年代初采取多项措施继续推进其市场化发展，此时距离其天然气市场的建立只有15年左右，并且英国天然气进口在市场化改革之前才刚刚开始兴起。另外，英国天然气发电在改革开始阶段并没有大量应用。西班牙同样在21世纪实行市场自由化期间见证了天然气发电的发展。其他一些国家的天然气市场依然处于发展阶段，例如土耳其或韩国，市场自由化进程受到了拖延或正以缓慢的速度向前发展。

从上游市场来看，中国和美国有一些共同点，例如国家的大小、天然气资源的多样性与丰富性，但是其政治与工业组织方式大相径庭。同时，中国面临着与欧洲类似的问题，一方面需要吸引新的进口资源，另一方面需要发展相应的基础设施。总的来说，中国用于天然气进口的基础设施发展（包括LNG接收设置和管道设置）都比较成功。虽然潜在的是市场波动会时不时发生，但中国未来一段时间内的天然气消费估计会处于供给驱动的状态，因此随着市场化改革和天然气价格的波动，发电领域和其他一些重要领域中的天然气价格承受能力将是重要的改革议题。

（2）借鉴意义①

（a）监管与立法

在欧洲和美国，政府或欧盟委员会通过建立一个独立的监管机构在推动自由化方面起着不可或缺的作用。在中国，即使我们认识到中国能源市场的权力现在分配给不同的部门和机构，同时中央和地方政府也有不同的立场，但政府仍然应该是变革背后的推动力量。专门的能源管理机构［比如美国联邦能源管理局（FERC）和州立监管机构，或德国的联邦和州监管机构］将使政府对能源问题的认识更加清晰，只要明确了机构设置和责任的定义，那么天然气行业的上下游问题就可以由政府来解决。

欧美市场往往有与天然气产业发展相关的法律或白皮书政府文件，形成明确的政策框架，为政府制定天然气发展政策指导方针，为投资者和市场参与者提供依据。同时制定天然气发展目标，制定基础设施法规，国内天然气生产和负责天然气价值链的各类监管机构的法规。这些政策文件应该是一致的，但不限于政府的五年计划。

（b）竞争与准入

欧美天然气市场自由化的重要经验是自由市场改革是一个缓慢的过程。中国政府希望迅速提高天然气消费的比例。实现这一目标的关键是在上游引入批发价格，实行第三方获取政策，大力发展基础设施。在上游市场实现竞争格局和批发市场发展的关键一步是实施第三方管道的接入。

欧美国家的经验表明，市场开放是自由化的决定性因素。在同一时间，天然气使用者有资格选择供应商，并由第三方管道开放政策推动。另外，虽然现在很多国家将市场完全开放，但是他们仍然希望对更换供应商

① 本节部分参考李硕冰（2013）及安耕《天然气管道何时变身“公器”》（http://paper.people.com.cn/zgnyb/html/2012-09/17/content_1114417.htm）归纳整理。

以及对天然气价格进行一定的管制。

（c）定价与公平

定价影响整个天然气产业的发展，定价体制也是亟待解决的问题中最重要的一个。此外，未来十年，中国天然气对外依存度将会大幅度增加，这就要求中国需要尽快解决天然气进口价格和国内天然气销售价格之间的传导不畅问题。关于补贴等类似措施应当尽量避免，因其不仅造成政府的财政负担，同时也无法合理地反映出天然气的价值。地区的差异对天然气价格会起到重要的作用，各地区之间从经济发展程度、天然气供应结构（国内生产、LNG 和进口管道气）、甚至包括生产或进口成本都有着很大的差异。

由于天然气运输能力和成本的限制，全球天然气市场形成了四个较为独立的自然贸易区域和相应的定价体系。从定价体系上看分别是北美和英国实行的多种气源竞争定价体系［北美地区以亨利枢纽（Henry Hub）为核心，英国以虚拟平衡点（National Balancing Point，NBP）为核心］；欧洲大陆的与燃料油价格挂钩的定价政策；东北亚地区采用与日本进口原油清关价格（JCC）挂钩的定价公式；以及由俄罗斯和部分中亚出口国家与其进口者实行的双边垄断定价模式。通过将中国天然气上游市场和其他国家对比，我们认为未来我国上游天然气定价机制可以采取的路径选项主要是多气源竞争定价和替代燃料挂钩定价。

首先，JCC 挂钩定价作为一定历史阶段的产物，反映了在过去一段时间内石油和天然气在日本发电市场中的替代作用，但是，随着天然气发电技术对石油发电技术的替代以及石油价格和天然气价格的走势分歧越发显著，采用 JCC 定价所反映的替代品定价机制逐渐失效，因此该方法从长远来看将被替代。其次，对于双边垄断定价而言，由于我国市场广阔，天然气需求量大，且未来的发展方向包括引进多种进口气源，因此双边垄断定价虽然还将在部分长期管道进口合同中起到一定的作用，但就全国范围的定价机制而言并不宜推广。而多种气源竞争定价的方式有利于低成本供应者进入市场，在我国逐步增加上游天然气供应主体的过程中将具有较大的吸引力。此外，由于我国天然气工商业用户消费量占比较高，而很多大型工商业天然气用户都可以在天然气价格相对高企的时候通过改造设施或改变工艺来采用液化石油气等燃料替代天然气，因此，选择合适的替代燃料挂钩定价一定程度上可以绑定天然气用户，对稳定消费市场具有一定的作用。

（d）产业结构改革

根据国际经验，我们可以发现不同国家进行天然气产业的市场化改革所选择的时机不尽相同。例如美国和欧盟的改革发生在天然气市场发育较为成熟、天然气消费量稳定增长的阶段，在改革开始时管道、储存、配送基础设施都已经较为完善，因此改革对市场供应能力的影响较小，这在一定程度上减小了改革阻力。而英国则在天然气市场快速发展的阶段实施了市场化改革，并且在改革过程中迎来天然气发电的迅猛发展，但受益于英国天然气产业在改革前主要受国家控制的特点，改革推进较为顺利。

对我国而言，2015 年 10 月 12 日发布的《中共中央国务院关于推进价格机制改革的若干意见》已经对天然气价格改革做出有时间表和路线图的整体改革谋划，而且我国天然气产业上游和中游主要由国有经济控制的格局与市场化改革前的英国较为相似。因此，可以说对我国天然气产业进行深入的市场化改革的最优时机已经到来。

在确定已经进入天然气市场化改革的合适时机的前提下，考虑到我国天然气产业上、中、下游不同环节当前所面临的问题各不相同，因此在改革过程中还需要关注不同环节的改革时机和改革次序选择。针对我国天然气行业的产业组织结构现状，我们认为需要优先进行改革的是中游输配特别是长输管道和省网环节。当前我国主要天然气长输管道由上游天然气供应商中石油和中石化所有，这种捆绑交易的状况一定程度上阻碍了潜在的上游天然气供应商的进入，并使得本来就较为分散的下游天然气购买方（如城市燃气）在交易过程中面对高度垂直一体化的上游和中游供应者，议价能力进一步被削弱。因此，中游长输管道的第三方开放改革对上游勘探者、开采者、进口商和下游零售供应商而言都具有重要的意义。而省网由于重复建设、效率不足、成本监审不透明等原因长期以来受到诟病。近期发布的《天然气管道运输价格管理办法（试行）》和《天然气管道运输定价成本监审办法（试行）》，虽然明确按照“准许成本加合理收益”的原则确定管输价格，但一方面不涉及省内管道主体，也没有强制要求管道公司实施第三方准入规则。因此，在进一步实现天然气产业市场化改革的过程中，省网价格监审和管网第三方准入将成为落实“管住中间”的核心举措。

在完成中游输气管网改革或确定中游改革方向之后，将迎来上游供气环节和下游配售气的市场化改革契机，促进“放开两头”目标的实现。上游开放的顺序可以考虑先放开进口权，培育更多的上游市场主体，降低上游市场供应集中度，在条件许可的情况下进而放开天然气开采勘探权。对下游配售气环节，2017 年 6 月 20 日出台的《关于加强配气价格监管的指导意见》对城市燃气的成本监审和收益核准提出了很好的改革方向，下一步还可以考虑进一步放开市场特许经营权，允许配售气环节的市场竞争。此外，在理顺居民天然气价格方面，当前我国在大多数省份仍然通过价格管制的手段，使得居民供气价格没有反映真实供应成本，形成工商业用气价格与居民用气价格之间的交叉补贴。通过对国外经验的总结，我们发现，对供气成本较高的居民用气收取高于工商业用气的价格是一种普遍做法，而我国云南省的经验也表明，高于工商业用气价格的居民气价在我国并不是不可实现的。结合我国正在推行的居民用气阶梯价格政策，可以在未来逐渐减少第一档用气量、提高第二第三档用气价格，通过高收入和高需求用户补贴低收入和低需求用户，最终实现居民平均购气价格反映供气成本。

第三章

国际市场天然气价格研究

近年来，我国天然气需求量快速上升。考虑到我国天然气生产能力的客观限制，我国与国际天然气市场的关联将越来越紧密。在这样的背景下，国际天然气价格的波动对我国天然气的供给和需求必然产生重大的影响。因此，深入了解国际天然气价格的影响因素，并制定合理的市场机制进行应对，是引导我国天然气市场健康发展的重要保障。本章分别以原油和玉米为案例研究了国际天然气价格与其他能源产品和非能源大宗商品价格的关联，为了解国际天然气价格的影响机制进行了初步的探讨。

3.1　天然气价格与其他能源产品价格的关联

天然气和原油是世界范围内使用最广泛的两种化石能源。天然气与原油之间的联系比较复杂。从需求侧来看，电厂和一些工业企业既可以使用天然气，也可以使用石油产品作为生产中的投入品，所以天然气和原油互为替代品；从供给侧来看，石油价格上涨会对天然气价格产生双向的影响。由于原油和天然气的开采很多时候是同时进行的，所以，如果原油价格上涨，新的油田的开采同时也会导致天然气的供给增加，推动天然气价格下降。另一方面，油价上涨会加剧各种能源产品之间对生产资料的竞争，例如钻探设备、生产设备、发动机和工程操作人员，导致天然气的生产成本提高，因此推动天然气价格上涨。所以，天然气和原油价格之间有紧密而复杂的联系。另外，两者的价格还受到许多共同因素的影响，包括货币政策、美元汇率、地区军事冲突和投机交易行为等。

已有的关于天然气和原油市场之间的关系的研究主要关注：第一，原油和天然气价格之间的协整关系。Brown and Yucel（2008），Hartley et al.（2008）和 Villar and Joutz（2006）认为，原油和天然气市场之间存在长期均衡关系，所以向量误差修正模型是合适的。但是，Ramberg and Parsons（2010）认为，两者之间的协整关系不显著，Brigida（2014）认为两者之间的协整关系发生了显著的变化。Geng et al.（2016）认为，页岩气革命对原油和天然气之间的关系有显著的影响，导致了两者之间的长期均衡关系的改变。第二，市场信息主要是从原油市场传递到天然气市场。Balke et al.（1998），Hartley et al.（2008）以及 Asche et al.（2006）都使用格兰杰因果检验研究了原油和天然气市场之间的关系。第三，两者之间的关系是非对称的，正向冲击和负向冲击的影响不同。Atil et al.（2014）认为，虽然天然气价格和原油价格受到一些共同因素的影响，但与天然气市场相比，原油市场更大，受到全球因素的影响更多，而天然气受到地区因素的影响更大。

理解两种能源市场之间的关系有重要意义，一方面，天然气是清洁能源，世界能源政策正不断推广天然气的使用；另一方面，研究两种能源市场之间的关系能够帮助政策制定者、能源消费者和投资者更准确地判断。

本章主要关注天然气市场与原油市场的关系，研究两种商品之间的长期均衡关系与短期调整关系。本章也将检验两种产品价格之间的格兰杰因果关系，并分析了两个市场对大宗商品市场价格发现的贡献。

（1）数据描述

本节使用的数据是天然气现货市场和原油现货市场的日交易价格，样本区间为1997年1月7日到2015年12月21日。天然气价格是来自美国Energy Information Administration（EIA）的Henry Hub天然气现货价格，单位是美元/百万英热单位；原油数据是EIA公布的WTI原油现货价格，单位为美元/桶。天然气价格与原油价格的走势如图3－1、图3－2所示，可以发现，天然气价格与原油价格在整个样本期间的价格走势总体上一致。

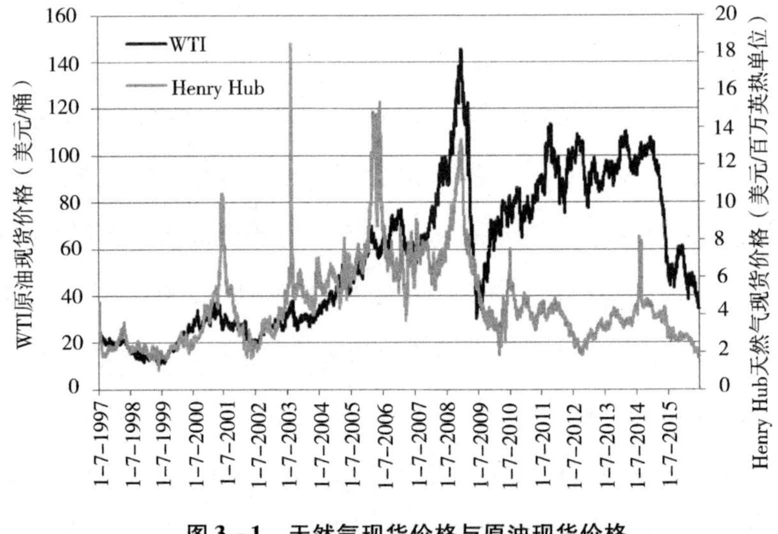

图3－1　天然气现货价格与原油现货价格

数据来源：天然气价格为Henry Hub天然气现货价格，原油价格为WTI原油现货价格，来自美国Energy Information Administration。

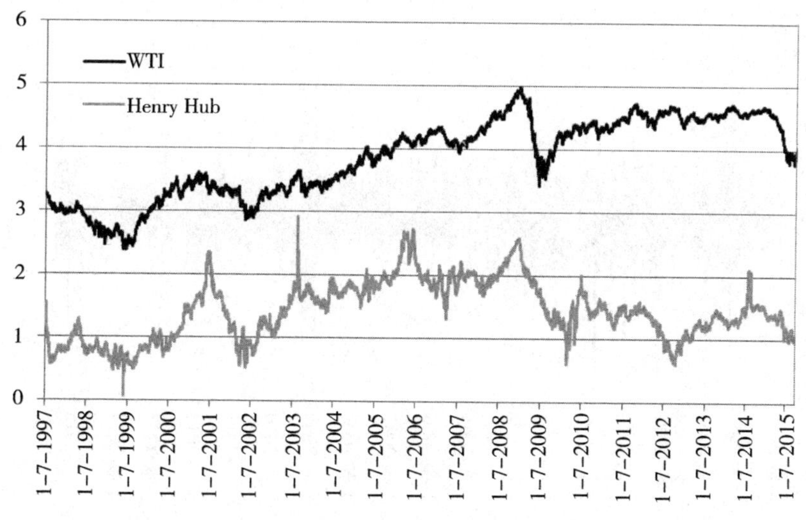

图3－2 天然气现货价格对数与石油现货价格对数的关联①

样本期内天然气价格和原油价格的回报率（价格对数值的一阶差分）如图3－3、图3－4所示。可以看到，原油价格在2009年、2014—2015年有明显的价格波动，而天然气价格在整个样本区期间的波动比原油更频繁和剧烈。

① 数据来源：天然气价格为Henry Hub天然气现货价格，原油价格为WTI原油现货价格，来自美国Energy Information Administration。

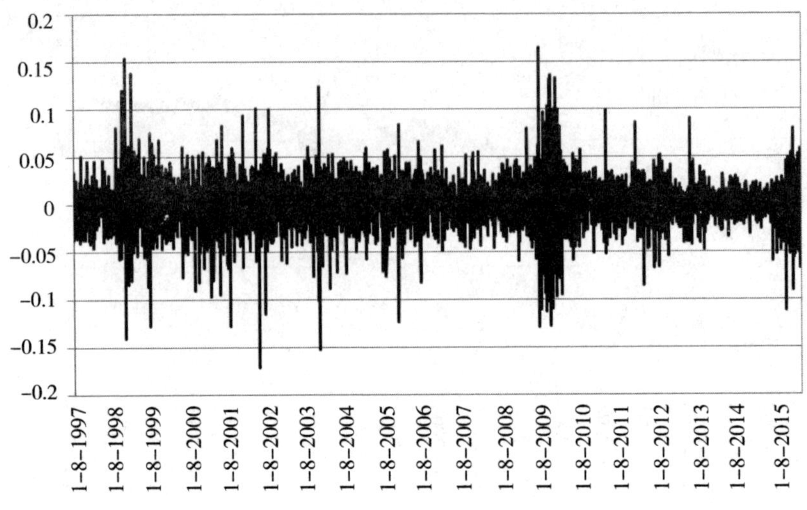

图 3－3　原油价格对数的一阶差分序列

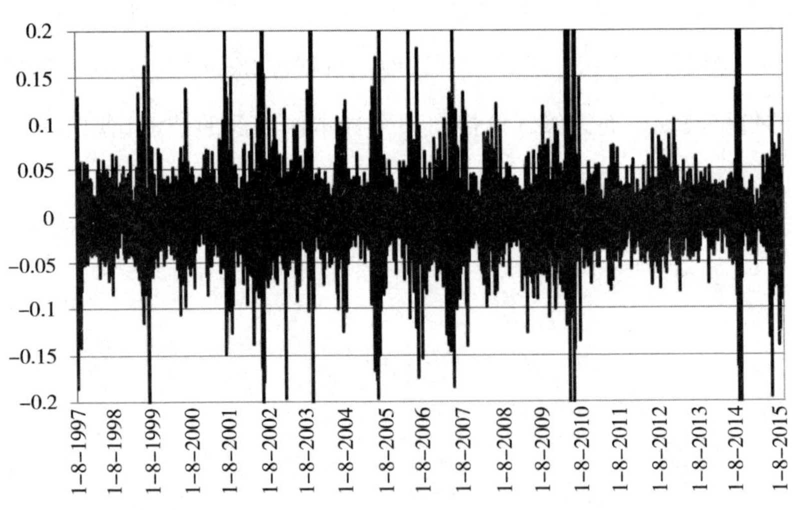

图 3－4　天然气价格对数的一阶差分序列

本章使用 ADF 检验，检验价格对数值及其一阶差分（回报率）的平稳性，检验结果如表 3－1 所示。ADF 检验结果表明两种商品价格的对数值是非平稳的，而价格的一阶差分序列是平稳的。也就是说，天然气价格与原油价格的对数值都是一阶单整序列。所以，在后面的向量误差修正模型中使用天然气价格与原油价格的对数值，在向量自回归模型（Vector Auto－regression Model）中使用回报率（即价格对数值的一阶差分），避免出现伪回归问题。

表3－1　ADF检验结果

	常数项	时间趋势	滞后项	统计量	1%临界值	5%临界值	10%临界值
Ln（HH）	无	无	无	－1.198	－2.580	－1.950	－1.620
	.005857 (.0021)	无	无	－3.065**	－3.430	－2.860	－2.570
	.005823*** (.0022)	2.11e－08 (4.80e－07)	无	－3.022	－3.960	－3.410	－3.120
	.004379 (.0021)	无	p＝32	－2.250	－3.430	－2.860	－2.570
Ln（WTI）	无	无	无	－0.079	－2.580	－1.950	－1.620
	.003268 (.0022)	无	无	－1.464	－3.430	－2.860	－2.570
	.004738 (.0032)	3.11e－07 (4.99e－07)	无	－1.301	－3.960	－3.410	－3.120
	.003466 (.0022)	无	p＝25	－1.531	－3.430	－2.860	－2.570

续表

	常数项	时间趋势	滞后项	统计量	1%临界值	5%临界值	10%临界值
D. Ln（HH）	无	无	无	-66.275***	-2.580	-1.950	-1.620
	-.0001557 (.00065)	无	无	-66.269***	-3.430	-2.860	-2.570
	.0004022 (.0013)	-2.35e-07 (4.73e-07)	无	-66.265***	-3.960	-3.410	-3.120
	-.000040 (.00063)	无	p=31	-13.643***	-3.430	-2.860	-2.570
D. Ln（WTI）	无	无	无	-70.422***	-2.580	-1.950	-1.620
	.000056 (.00036)	无	无	-70.415***	-3.430	-2.860	-2.570
	.000634 (.00072)	-2.43e-07 (2.63e-07)	无	-70.420***	-3.960	-3.410	-3.120
	.0001182 (.00036)	无	p=33	-12.158***	-3.430	-2.860	-2.570

注："*""**""***"分别表示在10%、5%和1%的水平上显著；括号内表示检验统计量的标准误。

（2）理论模型

在这一部分中，我们首先检验天然气市场与原油市场之间是否存在协整关系。如果两种商品之间存在长期均衡关系，就可以进一步引入向量误差修正模型（VECM），分析两个市场对长期均衡偏离的调整。接着，引入向量自回归模型（VAR model），检验天然气与原油市场之间的线性格兰杰因果关系，探究两种商品之间的先导和滞后关系。最后，在向量误差修正模型的基础上，引入PT模型（Permanent - transitory Model）和IS模型（Information Share Model），研究天然气市场与原油市场对大宗商品市场共同有效价格的相对贡献。

（a）天然气价格与原油价格之间的协整关系

如果多个单位根序列拥有共同的随机趋势，则这些非平稳的时间序列的线性组合可以消去随机趋势成为平稳序列，如果满足这样的关系，则称变量是协整的。对协整关系的检验方法有很多。本章使用迹检验的方法探究天然气市场与原油之间是否存在长期均衡关系。

如果协整关系检验的结果表明两种商品之间的确存在长期均衡关系，则可以引入向量误差修正模型（VEC model），进一步研究两种商品对偏离长期均衡的短期调整：

$$\Delta LnP_t^h = \alpha_1\ (LnP_{t-1}^h + \beta LNP_{t-1}^w)\ + \sum_{i=1}^{p-1}\gamma_{1i}\Delta LnP_{t-i}^h + \sum_{i=1}^{p-1}\theta_{1i}\Delta LnP_{t-i}^w + \varepsilon_{1t}$$

$$\Delta LnP_t^w = \alpha_2\ (LnP_{t-1}^h + \beta LNP_{t-1}^w)\ + \sum_{i=1}^{p-1}\gamma_{2i}\Delta LnP_{t-i}^h + \sum_{i=1}^{p-1}\theta_{2i}\Delta LnP_{t-i}^w + \varepsilon_{2t}$$

$LnP_{t-1}^h + \beta LnP_{t-1}^w$的非零值代表了短期内商品的市场价格对长期均衡的偏离，是长期参数，度量了对这一偏离的调整速度。和是短期参数。VECM 模型中和需要满足不存在自相关的假设。

（b）线性格兰杰因果检验

线性格兰杰因果检验建立在向量自回归模型（VAR model）的基础之上，而向量自回归模型的建立要求使用平稳的时间序列，所以本章使用天然气价格和原油价格对数值的一阶差分序列（也就是回报率）构建简化形式的 VAR 模型（reduced - form VAR），检验天然气价格和原油价格的先导与滞后关系，VAR 模型的构建如下：

$$r_t^h = \beta_{10} + \sum_{i=1}^{p}\beta_{1i}r_{t-i}^h + \sum_{i=1}^{p}\gamma_{1j}r_{t-j}^w + \varepsilon_{1t}$$

$$r_t^w = \beta_{20} + \sum_{i=1}^{p}\beta_{2i}r_{t-i}^w + \sum_{i=1}^{p}\gamma_{1j}r_{t-j}^h + \varepsilon_{2t}$$

r_t^h 表示天然气的回报率，r_t^w 表示原油的回报率。p 表示方程中的滞后阶数，是根据 AIC、BIC 等信息准则选择的最优滞后阶数，需要保证残差

项 ε_{1t} 和 ε_{2t} 为白噪声过程，不存在自相关问题，但允许两个扰动项之间存在同期相关性。Granger 因果关系是指，如果 x 是 y 的因，但 y 不是 x 的因，则 x 的过去值可以帮助预测 y 的未来值，但 y 的过去值却不能帮助预测 x 的未来值。Granger（1969）提出的格兰杰因果检验，具体来讲，在第一个方程式中，我们对原假设：$\gamma_{11} = \gamma_{12} = \cdots = \gamma_{1p} = 0$ 进行检验。如果原假设被拒绝，原油的回报率可以看作天然气回报率的格兰杰原因，原油回报率的过去值可以用于预测天然气回报率的未来值。对第二个方程的检验同理。

（c）价格发现的 PT 模型与 IS 模型

第三部分的数据描述显示，天然气价格与原油价格之间存在共同趋势。如果使用协整检验证明两者之间的共同趋势后，可以进一步建立 VEC 模型。在 VEC 模型的估计结果的基础上，本章使用两种常见的研究价格发现机制的模型：第一种模型是 PT 模型（Permanent - transitory Model），来自 Gonzalo and Granger（1995）；第二种模型是 IS 模型（Information Shares Model），来自 Hasbrouck（1995）。本章使用 PT 模型估计了天然气价格与原油价格的协整系统的长期共同有效价格部分，测度两个市场对共同有效价格的相对贡献。在 PT 模型中，某个市场对共同有效价格的贡献是 VEC 模型估计系数的函数。IS 模型把市场的相对贡献定义为单个市场价格的波动占共同有效价格波动的比重，并在该定义下计算两个市场的相对贡献。

①PT 模型

假设，x_t 和 y_t 都是一阶单整序列，存在协整关系，$z_t = y \mid A_x$，z_t 是平稳的。导致 x_t 和 y_t 之间存在协整关系的原因是，存在共同因素 f_t，满足

$$\begin{bmatrix} y_t \\ x_t \end{bmatrix} = \begin{bmatrix} A \\ 1 \end{bmatrix} f_t + \begin{bmatrix} \tilde{y}_t \\ \tilde{x}_t \end{bmatrix}$$

其中，f_t 表示共同有效价格（或永久部分），是一阶单整序列，承载着影响两个市场的共同因素或冲击的信息；$\tilde{x}_t$ 和$\tilde{y}_t$ 是暂时部分，是平稳序列，承载着只影响某个市场的因素的信息。且 $z_t = \tilde{y}_t - A\tilde{x}_t$ 是平稳的。

估计共同因素 f_t 的意义在于：第一，当变量较多，且研究只关注长期均衡时，可以用较小的共同因素的集合取代原先变量众多的复杂的原始序列集合。一般研究宏观经济各个部门之间的长期关系时，可以先在各个子部门中计算出长期共同因素，然后研究各部门长期共同因素之间的协整关系。第二，把时间序列（y_t，x_t）转化成承载不同信息的部分（f_t，$\tilde{y}_t$，$\tilde{x}_t$），f_t 代表是共同因素（永久部分），$\tilde{x}_t$ 和 $\tilde{y}_t$ 是周期部分（暂时部分）。共同因素部分承载了影响所有市场的共同因素或冲击的信息，周期部分承载影响一个市场的因素或冲击的信息。第三，可以研究共同部分和周期部分与其他可观测变量之间的关系。

PT 模型建立在 VEC 模型的基础上，VEC 模型如下：

$$\Delta LnP_t^h = \alpha_1 LnP_{t-1}^h + \beta LnP_{t-1}^w + \sum_{i=1}^{p-1}\gamma_{1i}\Delta LnP_{t-i}^h + \sum_{i=1}^{p-1}\theta_{1i}\Delta LnP_{t-i}^w + \varepsilon_{1t}$$

$$\Delta LnP_t^w = \alpha_2 LnP_{t-1}^h + \beta LnP_{t-1}^w + \sum_{i=1}^{p-1}\gamma_{2i}\Delta LnP_{t-i}^h + \sum_{i=1}^{p-1}\theta_{2i}\Delta LnP_{t-i}^w + \varepsilon_{2t}$$

α_1 和 α_2 是误差修正系数。β 是协整系数。ε_{1t}和 ε_{2t}是均值为零的不存在序列相关的误差项。

Gonzalo and Granger（1995）中，市场价格 Y_t 被分解为两个部分，第一个部分是共同有效价格部分 f_t，另外一部分是各自市场的噪音$\tilde{Y}_t$。

$Y_t = f_t + \tilde{Y}_t$

其中，$Y_t =$（LnP_t^n，LnP_t^o）′，$f_t = \Gamma Y_t$，$\Gamma =$（γ_1，γ_2），所以 f_t 可以看作两个价格的加权平均值，权重即 $\Gamma =$（γ_1，γ_2）就是两个市场对价格发现的贡献。Γ 与误差修正模型中的误差修正系数正交，即 $\alpha_1\gamma_1 + \alpha_2\gamma_2 = 0$。

另外，结合 $\gamma_1 + \gamma_2 = 1$，即可求得 γ_1 和 γ_2 的值，从而可以进一步求得共同有效价格 $f_t = \gamma_1 LnP_t^n + \gamma_2 LnP_t^o$。

②. IS 模型

Hasbrouck（1995）定义了另外一种价格发现的贡献，认为市场对价格发现的贡献等于该市场的信息份额，而一个市场的信息份额是指共同有效价格的方差中能够被归因于该市场的部分的占比。市场价格被表示为移动平均的形式：

$$\Delta P_t = \Psi(L) e_t$$

其中，e_t 的均值为零且不存在序列相关，e_t 的协方差矩阵为 Ω，

$$\Omega = \begin{bmatrix} \sigma_1^2 & \rho\sigma_1\sigma_2 \\ \rho\sigma_1\sigma_2 & \sigma_2^2 \end{bmatrix}$$

σ_1^2 和 σ_2^2 分别是 ε_{1t}和 ε_{2t}的方差，ρ 是两者之间的相关系数。Ψ 表示滞后因子 L 的多项式。如果价格系统中存在 n - 1 个协整关系，$\Psi(1)$ 的行是一样的，$\Psi(1) e_t$ 表示某个冲击对每种商品市场价格的影响。设 Ψ 代表 $\Psi(1)$ 中每一行的元素，价格可以被写为：

$$P_t = P_0 + \Psi\left(\sum_{s=1}^{t} e_s\right) + \Psi^*(L) e_t$$

其中，$\iota = (1,\ 1)'$，$\Psi^*(L)$ 是滞后因子 L 的多项式矩阵。等号右边第二项 $\Psi\left(\sum_{s=1}^{t} e_s\right)$ 是所有商品的价格中共同的随机游走部分，它的方差为 $Var(\Psi e_t) = \Psi\Omega\Psi'$。某个市场的信息份额等于 $Var(\Psi e_t)$ 中能够被归因于该市场的部分的占比。如果 Ω 是对角线形式的（即不同市场的 e_t 之间不存在相关性），信息份额可以被表示为：

$$S_h = \frac{\Psi_1^2\sigma_1^2}{\Psi\Omega\Psi'}$$

$$S_w = \frac{\Psi_2^2\sigma_2^2}{\Psi\Omega\Psi'}$$

Baillie et al.（2002）研究了 PT 模型与 IS 模型之间的关系，发现$\frac{\Psi_1}{\Psi_2}=\frac{\gamma_1}{\gamma_2}$。所以，信息份额可以表示成：

$$S_h=\frac{\gamma_1^2\sigma_1^2}{\gamma_1^2\sigma_1^2+\gamma_2^2\delta_2^2}$$

$$S_w=\frac{\gamma_2^2\sigma_2^2}{\gamma_1^2\sigma_1^2+\gamma_2^2\sigma_2^2}$$

如果协方差矩阵不是对角线形式的，可以使用丘拉斯基分解使相关性降到最低，$\Omega=MM'$，其中

所以，信息份额可以被写为：

$$S_h=\frac{(\gamma_1 m_{11}+\gamma_2 m_{21})^2}{(\gamma_1 m_{11}+\gamma_2 m_{21})^2+(\gamma_2 m_{22})^2}$$

$$S_w=\frac{(\gamma_2 m_{22})^2}{(\gamma_1 m_{11}+\gamma_2 m_{21})^2+(\gamma_2 m_{22})^2}$$

满足 $S_h+S_w=1$。

这种方法赋予第一个时间序列更高的比重（$\rho=0$ 时除外），所以，需要交换两个变量的顺序，得到两组信息份额，得到两个市场的信息份额的上界和下界，然后求平均值，得到两个市场对价格发现的贡献份额的合理估计（Ballie et al.，2002；Zhang and Wei，2010）。

（3）实证结果

与第四部分相对应，实证结果的报告与讨论也分为三部分。第一部分报告向量误差修正模型的估计结果，讨论两个市场之间的长期均衡关系和短期调整速度；第二部分是关于两个市场的价格的先导和滞后关系的线性格兰杰因果检验结果；最后一部分是由 PT 模型和 IS 模型得到的，报告两个市场对价格发现的贡献的计算结果。

（a）天然气市场与原油市场的长期均衡与短期调整

由第三部分的单位根检验可得天然气价格与原油价格的对数值都是一阶单整序列，符合建立协整模型的前提。为了识别两者之间是否存在协整关系，本章使用stata中的迹检验考察原油价格与天然气价格之间的协整关系。检验结果表明，天然气价格与原油价格之间存在长期均衡关系。

天然气价格与原油价格的长期均衡关系背后的原因主要在于：从需求侧来看，电厂和一些工业企业既可以使用天然气，又可以使用石油产品作为生产中的投入品，所以天然气和原油互为替代品。从供给侧来看，石油价格上涨会对天然气价格产生双向的影响。由于原油和天然气的开采是同时的，所以，如果原油价格上涨，新的油田的开采，天然气的供给会增加，推动天然气价格下降，两者互为互补品。另一方面，油价上涨会加剧各种能源产品之间对生产资料的竞争，例如钻探设备、生产设备、发动机和工程操作人员，导致天然气的生产成本提高，因此推动天然气价格上涨。所以，天然气和原油价格之间有紧密的联系。另外，两者的价格还受到许多共同因素的影响，包括货币政策、美元汇率、地区军事冲突和投机交易行为等。

基于天然气市场与原油市场的长期均衡关系，建立误差修正模型，研究两个市场偏离长期均衡时的短期调整行为。使用Johansen的MLE方法估计系统的向量修正模型的估计结果如表3-2所示。AIC准则下最优滞后阶数为p=3。

表3-2　误差修正模型的系数估计结果

	被解释变量		被解释变量
	D. Ln（HH）		D. Ln（WTI）
长期均衡关系	-0.00437***	长期均衡关系	0.000933

续表

	被解释变量		被解释变量
	(0.00155)		(0.000886)
LD. Ln (HH)	0.0442***	LD. Ln (HH)	-0.00108
	(0.0143)		(0.00814)
L2D. Ln (HH)	-0.190***	L2D. Ln (HH)	0.00652
	(0.0142)		(0.00810)
LD. Ln (WTI)	0.179***	LD. Ln (WTI)	-0.0225
	(0.0255)		(0.0145)
L2D. Ln (WTI)	-0.0276	L2D. Ln (WTI)	-0.0392***
	(0.0256)		(0.0146)
常数项	0.00000468	常数项	0.0000220
	(0.000635)		(0.000362)
N	4746	N	4746
R2	0.0511	R2	0.0024
chi2	255.0711***	chi2	11.2555*

注:"*""**""***"分别表示在10%、5%和1%的水平上显著;括号内表示检验统计量的标准误。

误差修正系数 α_1 和 α_2 的估计结果分别为 -0.00437 和 0.000933。估计结果表明,在天然气市场,对长期均衡偏离的调整在1%的水平上显著;在原油市场上,当偏离长期均衡时,对偏离的调整不显著。

从短期的视角来看,两个市场之间的影响是显著的,原油价格的变动对天然气价格的变动有正向影响，且在1%的水平上显著；天然气价格的波动对原油价格的波动的影响不显著。所以，两个市场之间的影响是非对称的。

在VECM模型的最后，本章还检验了模型的稳定性以及模型残差序列的自相关性，检验结果表明，VEC模型是稳定的，且残差序列中不存在自相关关系。

（b）天然气市场与原油市场之间的价格引导关系

构建VAR模型以及格兰杰因果检验需要平稳的时间序列，所以，我们使用平稳的价格的对数值的一阶差分序列即两个市场的收益率建立VAR模型。

AIC、BIC、FPE、HQIC准则等一致认为，最优的滞后阶数为 $p=2$，构建天然气价格与原油价格对数值的一阶差分数据的VAR模型如下：

$$r_t^h = \beta_{10} + \beta_{11} r_{t-1}^h + \beta_{12} r_{t-2}^h + \gamma_{11} r_{t-1}^w + \gamma_{12} r_{t-2}^w + \varepsilon_{1t}$$

$$r_t^w = \beta_{20} + \beta_{21} r_{t-1}^h + \beta_{22} r_{t-2}^h + \gamma_{21} r_{t-1}^w + \gamma_{22} r_{t-2}^w + \varepsilon_{2t}$$

模型的估计结果如表3－3所示。原油的收益率对天然气收益率的影响显著为正，但天然气收益率对原油收益率的影响不显著。

表3－3 VAR模型的估计结果

	被解释变量		被解释变量
	D. Ln（HH）		D. Ln（WTI）
L. D. Ln（HH）	0.0419***	L. D. Ln（HH）	－0.000598
	（0.0143）		（0.00812）
L2. D. Ln（HH）	－0.193***	L2. D. Ln（HH）	0.00703
	（0.0142）		（0.00808）

续表

	被解释变量		被解释变量
L. D. Ln（WTI）	0.180***	L. D. Ln（WTI）	-0.0227
	(0.0255)		(0.0145)
L2. D. Ln（WTI）	-0.0274	L2. D. Ln（WTI）	-0.0392***
	(0.0256)		(0.0146)
常数项	-0.000184	常数项	0.0000622
	(0.000632)		(0.000360)
N	4746	N	4746
R2	0.0495	R2	0.0021
chi2	246.9976***	chi2	10.1307**

注："*""**""***"分别表示在10%、5%和1%的水平上显著；括号内表示检验统计量的标准误。

在VAR模型中，每个随机扰动都会影响所有的内生变量。随机扰动项对一些内生变量的扰动可能先于或滞后于其他的内生变量。格兰杰因果检验就检验了这种暂时性冲击的影响顺序，也就是价格的先导和滞后关系。线性格兰杰因果检验的结果见表3-4。原油价格的回报率是天然气价格的格兰杰原因，在1%的水平上显著；天然气价格不是原油价格的格兰杰原因，两个市场间的格兰杰因果关系是非对称的。

表3-4　线性格兰杰因果检验结果

原假设	χ^2	p值
原油收益不是天然气收益的格兰杰原因	51.128***	0.000
天然气收益不是原油收益的格兰杰原因	0.7602	0.684

注："*""**""***"分别表示在10%、5%和1%的水平上显著。

（c）天然气市场与原油市场对价格发现的贡献

天然气价格与原油价格之间存在协整关系，说明天然气价格与原油价格包含了共同有效价格部分。两个市场对共同有效价格部分的贡献不同，PT 模型和 IS 模型提供了估计两个市场对共同有效价格的相对贡献的方法。

根据 Stock and Watson（1988），价格可以被分为两个部分，$\text{Ln}P_t = f_t + \tilde{Y}_t$，其中 f_t 表示两个市场的共同有效价格，$\tilde{Y}_t$ 代表短暂冲击。f_t 是两个市场价格的加权平均，权重满足 $\gamma_1 + \gamma_2 = 1$ 和 $\alpha_1\gamma_1 + \alpha_2\gamma_2 = 0$ 两个条件。根据 VECM 的系数估计结果，$\hat{\alpha}_1 = -0.00437$、$\hat{\alpha}_2 = 0.000933$ 解得，$\gamma_1 = 0.1759$；$\gamma_2 = 0.8241$。所以，天然气市场对共同有效价格的贡献为 17.59%，原油市场对共同有效价格的贡献为 82.41%。

在 PT 模型的基础上，进一步构建 IS 模型。运用 PT 模型的估计结果以及 $\rho = 0.0638$；$\sigma_1 = 0.04349$；$\sigma_2 = 0.02479$，我们可以计算两种不同顺序的信息份额（天然气价格作为第一个变量，原油价格作为第一个变量，详见上文）

第一种顺序（天然气价格作为第一个变量）：

$$M = \begin{bmatrix} m_{11} & 0 \\ m_{12} & m_{12} \end{bmatrix} = \begin{bmatrix} \sigma_1 & 0 \\ \rho\sigma_2 & \sigma_2(1-\rho^2)^{1/2} \end{bmatrix}$$

$m_{11} = \sigma_1 = 0.04349$，$m_{21} = \rho\sigma_2 = 0.001582$，$m_{22} = \sigma_2(1-\rho^2)^{1/2} = 0.02474$。天然气市场与原油市场的信息份额如下：

$$S_h = \frac{(\gamma_1 m_{11} + \gamma_2 m_{21})^2}{(\gamma_1 m_{11} + \gamma_2 m_{21})^2 + (\gamma_2 m_{22})^2} = 0.1617$$

$$S_w = \frac{(\gamma_2 m_{22})^2}{(\gamma_1 m_{11} + \gamma_2 m_{21})^2 + (\gamma_2 m_{22})^2} = 0.8383$$

第二种顺序（原油价格作为第一个变量）：

$$M = \begin{bmatrix} m_{11} & 0 \\ m_{12} & m_{22} \end{bmatrix} = \begin{bmatrix} \sigma_2 & 0 \\ \rho\sigma_1 & \sigma_1 \ (1-\rho^2)^{1/2} \end{bmatrix}$$

$m_{11} = \sigma_2 = 0.02479$，$m_{21} = \rho\sigma_1 = 0.002775$，$m_{22} = \sigma_1 \ (1 - \rho^2)^{1/2} = 0.04340$。原油市场和天然气市场的信息份额如下：

$$S_w = \frac{(\gamma_2 m_{11} + \gamma_1 m_{21})^2}{(\gamma_2 m_{11} + \gamma_1 m_{21})^2 + (\gamma_1 m_{22})^2} = 0.0415$$

$$S_h = \frac{(\gamma_1 m_{22})^2}{(\gamma_2 m_{11} + \gamma_1 m_{21})^2 + (\gamma_1 m_{22})^2} = 0.9585$$

根据 Ballie et al.（2002）和 Zhang and Wei（2010），我们取两种结果的平均值作为价格发现的贡献的合理估计，所以，

$\overline{S}_h = 0.1016$

$\overline{S}_w = 0.8984$

天然气价格在共同有效价格中的信息份额为 10.16%；原油价格在共同有效价格中的信息份额为 89.84%。

PT 模型和 IS 模型得出了相似的结论，不管采用 PT 模型还是 IS 模型，原油价格的贡献都高于天然气价格，即原油对整个大宗商品市场的共同有效价格的影响更大一些，一定程度上反映出天然气价格和原油价格的非对称性。

（4）结论

本章研究了世界天然气价格和原油价格自 1997 年 1 月至 2015 年 12 月的现货市场的日价格数据，研究了天然气与原油市场之间的关系。使用时间序列的分析工具，分析了天然气与原油价格之间的协整关系、格兰杰因果关系（线性和非线性）以及两个市场对大宗商品市场共同有效价格的贡献。

研究发现，天然气价格与原油价格存在一致趋势，协整分析表明两者

之间存在长期均衡关系，反映出两个市场受到共同的经济因素的干扰，其中既有货币政策、美元汇率、地区军事冲突和投机交易行为等的因素，又有两者之间替代关系和互补关系的链接作用。

线性格兰杰因果检验的结果表明，天然气市场与原油市场之间存在单向的格兰杰因果关系，原油市场价格的波动影响天然气市场价格的波动，而天然气的价格波动对原油价格的波动没有显著的影响。

基于 PT 模型和 IS 模型的价格发现的分析表明，原油市场对共同有效价格的贡献高于天然气市场（PT 模型得出，原油市场与天然气市场的贡献分别为 82.41% 与 17.59%；IS 模型的结果为 89.84% 和 10.16%）。

根据所得结果，原油市场和天然气市场价格的波动具有很多相同的驱动因素，因此对天然气价格的预测应当结合影响原油供需的因素进行分析，从而为我国天然气进口合同的签订提供支撑。未来，进一步的研究方向是区分研究天然气市场与原油市场之间两个方向的影响的相对强弱，研究如何识别两者之间的替代关系和互补关系。

3.2 天然气价格与非能源大宗商品价格的关联

国际天然气贸易价格受到多种因素的影响，虽然很多学者都已经意识到天然气的替代能源产品（如石油产品和电力）价格变动对天然气在国际贸易中的价格会造成显著影响，但是非能源产品的价格波动在天然气价格发现过程中起到的作用往往没有受到足够的重视。

但事实上，由于生物燃料技术的发展和大宗商品国际贸易的金融化，农产品和能源产品之间的关联日趋紧密。因此，本章将重点关注农产品价格在天然气价格发现当中发挥的作用。由于玉米是世界种植面积最广的粮食作物之一，并且是生物燃料的最重要原料，本章将以玉米市场作为农产品市场的代表，研究天然气和玉米之间的长期均衡关系与短期调整关系。在此基础上，本章也将进一步检验两种产品价格之间的格兰杰因果关系，并分析了天然气和玉米在大宗商品市场价格发现中的相对贡献。

由于美国生物燃料酒精的飞速发展，能源市场与农产品市场之间的相关性越来越显著。能源产品与农产品通过汽油和生物燃料酒精之间的替代关系而紧密相连。农产品与能源产品之间相互影响的具体机制在于：农业生产中既会直接使用能源产品，如汽油、柴油以及电力，作为农业机械工具的燃料，也会间接使用到石油和天然气的加工产品，例如农药和化肥。与此同时，能源生产者使用玉米、大豆等农产品作为酒精等可再生能源的原料。在美国，大部分的生物燃料酒精是从玉米中提取的。

2006 年以后，美国燃料酒精的生产与消费快速增长，并在运输行业中发挥了巨大的作用。随着生物燃料酒精的迅速发展，越来越多的玉米被用于酒精的生产。如图 3－5 所示，根据美国农业部的统计数据，2010 年以后，用于燃料酒精生产的玉米达到美国玉米生产量的 35% 以上，逐渐与传统的玉米用途（如食用和牲畜饲料）规模相当。如图 3－6 表明，燃料酒精的消费量占酒精与汽油总消费量的比重在 2015 年已经达到 9.51%。

图 3-5 历年美国用于燃料酒精生产的玉米量①

注释：数据收集以 Market Year 计算，例如，“2014” 代表 2014 年 9 月至 2015 年 8 月。

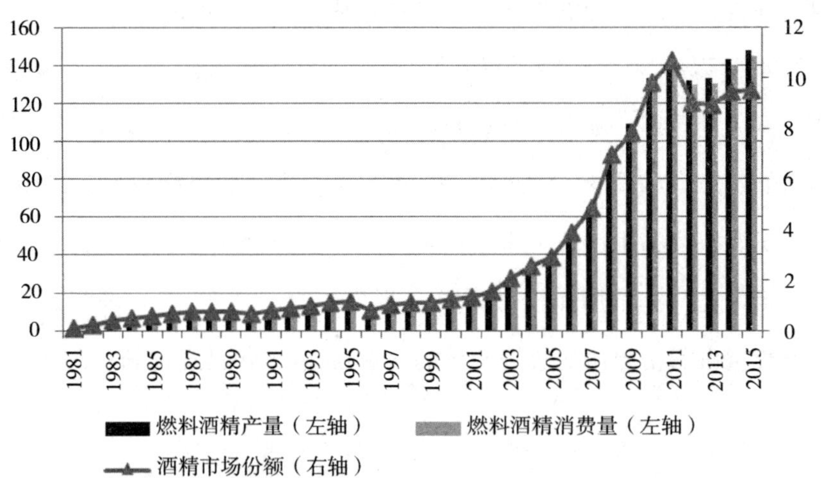

图 3-6 美国燃料酒精产量、消费量及市场份额②

注释：燃料酒精市场份额 = 燃料酒精消费量/（燃料酒精消费量 + 汽油消费量）

① 数据来源：USDA，Data Products，U. S. Bioenergy Statistics。

② 数据来源：USDA，Data Products，U. S. Bioenergy Statistics。

能源市场与农产品市场之间存在紧密的相关性，探究两种商品市场之间的长期和短期的动态关系，对理解能源产品的价格形成机制、发现能源价格十分重要。由于能源产品与农产品拥有不同的属性，能源价格与农产品价格对相同的经济冲击或政治冲击的反应的表现可能不同，两种商品之间的相互影响也可能是非对称的。研究能源产品与农产品大宗商品之间的关系对农业生产、投资者以及政府管理者十分重要。实证结果能够帮助决策者制定更好更准确的宏观政策，并且能够帮助更好地监管能源市场与农产品市场。

许多有关国际能源市场的文献关注能源价格波动的驱动因素和主导因素的识别，例如经济危机、石油供给和需求、OECD 的商业库存、OPEC 的行为、美元汇率、地区军事冲突、自然灾害和投机交易行为（例如 Zhang et al. , 2008；Kaufmann and Ullman, 2009；Zhang, 2013；Zhang and Wang, 2013）。也有许多文献关注能源与其他金融市场之间的关系（例如，Zhang and Wei, 2010, 2011）。

随着世界范围内对粮食安全问题的关注，有关农产品市场，特别是发展中国家农产品市场的研究也逐渐增多。许多关于农产品价格的文献主要关注农产品期货和现货价格之间的关系，研究的基本结论是，农产品期货价格与现货价格存在显著的协整关系，期货价格主导现货价格。例如，Garbade and Silber（1982）分析了玉米、小麦、燕麦、橘子、铜、金和银等七种可贮存的大宗商品的期货市场与现货市场的价格波动与价格发现机制，发现多数大宗商品的期货价格主导现货价格。Yang et al.（2001）研究了可贮存的农产品（玉米、燕麦、大豆、小麦、棉花和猪胸肉）和不可贮存的农产品（生猪、肉牛等）的价格发现机制，发现可贮存性不影响期货价格发现，但期货合约仍然可以作为价格发现的工具。Zapata and Armstrong（2005）研究了纽约期货价格和多米尼加现货价格之间的协整关系，发现对于生产糖的小国来讲，国际糖的期货价格对现货价格有一定的预测能力。Mattos and Garcia（2004）检验了巴西六种农产品的期货价格与现货价格之间的关系，发现交易量小的期货合约与现货价格之间存在一定的长期协整关系，而交易量大的期货的价格和现货价格之间不存在显著的相互关系。

近几年，研究能源产品与农产品市场之间的关系的文献也逐渐增多，这些研究通常以石油作为主要研究对象。有关石油价格与农产品价格之间的研究主要关注三种关键的作用机制：（1）石油产品是农业生产的投入品；（2）生物燃料；（3）大宗商品价格与宏观经济因素和金融指标的联动。Nazlioglu et al.（2013）对有关三种作用机制的文献进行了回顾和综述。在石油产品作为农业生产的投入品方面，Baffes（2007，2010）研究了原油价格变动对35种在国际范围内交易的初级大宗商品的溢出效应，计算了原油价格波动传导到非能源产品（如肥料、农业和金属）的指数。研究发现石油价格波动的传导指数最高的是肥料，其次是农业。在生物燃料连接石油与农产品价格方面，已有的研究结论不尽一致。Serra et al.（2011）和Hassounel et al.（2012）分别检验了美国和西班牙的石油与农产品的价格联系与传导特征，发现生物燃料与石油之间存在长期的均衡关系，能源产品与食品价格之间存在很强的相关性。然而，Zhang et al.（2010）研究了燃料价格与农产品价格之间的长期和短期关系，发现燃料价格与农产品价格之间不存在直接的长期关系，两者之间只存在一定程度的短期的直接关系。Sari et al.（2012）研究了原油、汽油、酒精、玉米、大豆和糖的期货价格在能源－粮食价格关系中的作用，考虑了滞后的粮食交易量以及能源市场和农产品市场的未平仓合约对各自市场及其他市场的影响，发现传统的从原油到汽油到酒精到粮食的能源 - 粮食关系在长期并不成立，因为石油价格受到汽油、大豆油价格的影响。而且，在短期，所有市场之间存在双向的反馈机制。粮食交易量对原油市场和汽油市场的短期影响比长期影响更显著。在石油价格与农产品价格联系的第三种作用机制方面（例如宏观经济政策和金融指标），Krichene（2008）研究了 2000 年 1 月至 2007 年 10 月石油价格的波动，发现油价和其他大宗商品价格的快速上涨可以归因于 2000 年以来的扩张性的货币政策。

总体来讲，现有的有关能源产品与农产品大宗商品价格的研究集中于两个市场之间的联动关系，有关两者之间的非对称关系以及两者对价格发现贡献的研究较少。

（1）数据描述

本章使用的数据是天然气现货市场和玉米现货市场的日交易价格。样本区间为 2008 年 1 月 22 日到 2016 年 3 月 14 日。天然气价格是来自美国 Energy Information Administration（EIA）的 Henry Hub 天然气现货价格，单位是美元/百万英热单位；玉米数据是芝加哥商业交易所美国伊利诺中部 2 号黄玉米的现货价格，来自 Wind 资讯，单位为美分/英斗。天然气价格与玉米价格的走势如图 3 - 7 及图 3 - 8 所示，可以发现，天然气价格与玉米价格在整个样本期间的前期和后期的走势较为一致，在 2010 年中期到 2014 年初之间虽然绝对价格出现过一段分歧，但从对数关系上可以看出在其波动趋势上仍然保持相似的步调。

图 3－7　天然气现货价格与玉米现货价格①

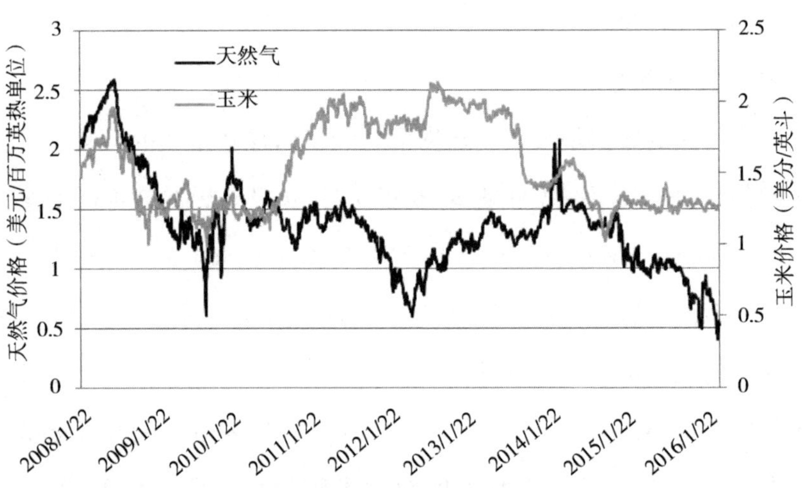

图 3－8　天然气现货价格与玉米现货价格的对数关联②

① 数据来源：天然气价格为 Henry Hub 天然气现货价格，来自美国 Energy Information Administration；玉米价格为美国伊利诺中部 2 号黄玉米的现货价格，来自芝加哥商业交易所。

② 数据来源：天然气价格为 Henry Hub 天然气现货价格，来自美国 Energy Information Administration；玉米价格为美国伊利诺中部 2 号黄玉米的现货价格，来自芝加哥商业交易所。

样本期内油价和玉米价格的回报率（价格对数值的一阶差分）如图3－9所示。可以看到，天然气价格在2010年、2014年和2016年各有一次明显的波动，而玉米价格在整个样本区间的前半段波动较为剧烈。

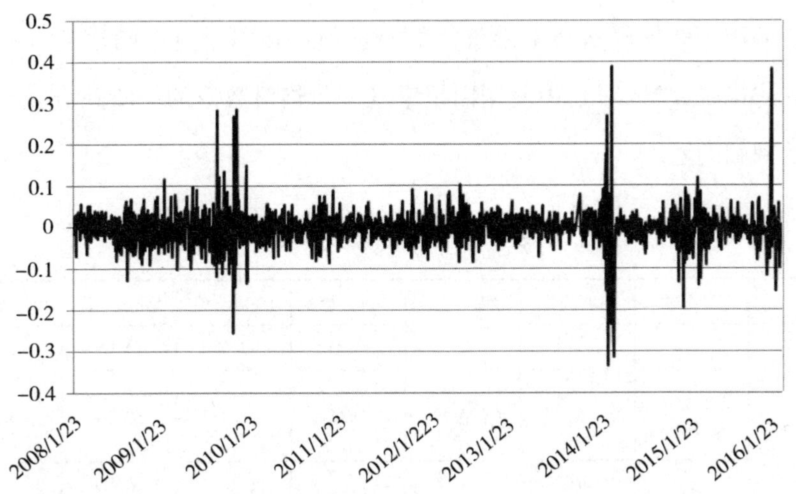

图3－9　天然气价格对数值的一阶差分序列

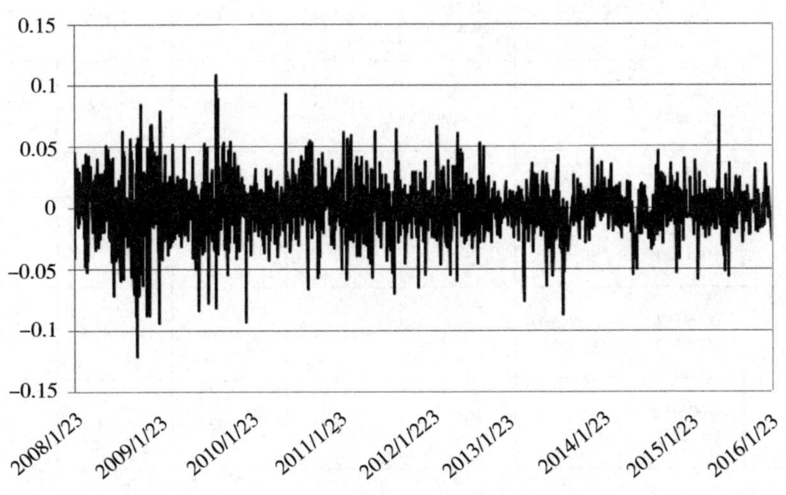

图3－10　玉米价格对数值的一阶差分序列

本章使用 ADF 检验，检验价格对数值及其一阶差分（回报率）的平稳性，检验结果如表所示。ADF 检验结果（表 3－5）表明两种商品价格的对数值是非平稳的，但一阶差分序列是平稳的，也就是说，天然气价格与玉米价格的对数值都是一阶单整序列。所以，在后面的向量误差修正模型中，使用天然气价格与玉米价格的对数值；在向量自回归模型（Vector Auto－regression Model）中使用回报率（即价格对数值的一阶差分），避免出现伪回归问题。

表 3－5　ADF 检验结果

	常数项	时间趋势	滞后项	统计量	1% 临界值	5% 临界值	10% 临界值
Ln（天然气价格）	无	无	无	－1.411	－2.580	－1.950	－1.620
	0.006289* （0.076）	无	无	－2.094	－3.430	－2.860	－2.570
	0.01721*** （0.007）	－5.02e－06** （0.038）	无	－2.947	－3.960	－3.410	－3.120
	0.004208 （0.250）	无	p＝24 （0.056）	－1.564	－3.430	－2.860	－2.570
	0.004349 （0.229）	无	p＝17 （0.039）	－1.596	－3.430	－2.860	－2.570
Ln（玉米价格）	无	无	无	－0.518	－2.580	－1.950	－1.620
	0.003645 （0.175）	无	无	－1.431	－3.430	－2.860	－2.570
	0.00417 （0.141）	－5.69e－07 （0.556）	无	－1.431	－3.960	－3.410	－3.120
	0.003302 （0.229）	无	p＝24 （0.061）	－1.303	－3.430	－2.860	－2.570

续表

	常数项	时间趋势	滞后项	统计量	1%临界值	5%临界值	10%临界值
D. Ln（天然气价格）	无	无	无	-44.633***	-2.580	-1.950	-1.620
	-0.0008672 (0.369)	无	无	-44.640***	-3.430	-2.860	-2.570
	-0.0005627 (0.771)	-3.30e-07 (0.855)	无	-44.629***	-3.960	-3.410	-3.120
	-0.001307 (0.175)	无	p=23 (0.049)	-10.278***	-3.430	-2.860	-2.570
D. Ln（玉米价格）	无	无	无	-42.798***	-2.580	-1.950	-1.620
	-0.0001055 (0.838)	无	无	-42.787***	-3.430	-2.860	-2.570
	0.0004846 (0.638)	-6.39e-07 (0.509)	无	-42.786***	-3.960	-3.410	-3.120
	-0.0002085 (0.688)	无	p=23 (0.054)	-10.141***	-3.430	-2.860	-2.570
	-0.0001852 (0.721)	无	p=21 (0.045)	-10.198***	-3.430	-2.860	-2.570

注："*""**""***"分别表示在10%、5%和1%的水平上显著；括号内表示检验统计量的p值。

（2）理论模型

在这一部分中，我们首先检验天然气市场与玉米市场之间是否存在协整关系。如果两种商品之间存在长期均衡关系，就可以进一步引入向量误差修正模型（VECM），分析两个市场对长期均衡偏离的调整。接着，引入向量自回归模型（VAR model），检验天然气与玉米市场之间的线性和非线性的格兰杰因果关系，探究两种商品之间的先导和滞后关系。最后，在向量误差修正模型的基础上，使用PT模型和IS模型，研究天然气市场与玉米市场对大宗商品市场共同有效价格的相对贡献。

（a）天然气价格与玉米价格之间的协整关系

如果多个单位根序列拥有共同的随机趋势，则这些非平稳的时间序列的线性组合可以消去随机趋势成为平稳序列，如果满足这样的关系，则称变量是协整的。对协整关系的检验方法有很多。为了探究天然气市场与玉米市场是否存在长期均衡关系，本章使用 Engle and Granger（1987）的两步法。构建长期均衡关系的方程式如下：

$$LNP_t^n = \varphi_1 + \theta_1 LNP_t^c + z_{1t}$$

$$LNP_t^c = \varphi_2 + \theta_2 LNP_t^n + z_{2t}$$

P_t^n 表示天然气价格，P_t^c 表示玉米价格。z_{1t} 和 z_{2t} 分别表示两个方程式的误差。如果对残差项的平稳性检验表明，残差序列中不存在单位根，即残差项是平稳的，就可以认为天然气与玉米之间存在长期均衡关系。由于协整系数 θ 是估计出来的，所以统计量的临界值与普通的 ADF 检验不同，临界值表需要参看 Hayashi（2000）或 Stock and Watson（2004）。

如果协整关系检验的结果表明，两种商品之间的确存在长期均衡关系，则可以引入向量误差修正模型（VEC model），进一步研究两种商品对偏离长期均衡的短期调整：

$$\Delta LnP_t^h = \alpha_1 \left(LnP_{t-1}^h + \beta LNP_{t-1}^w \right) + \sum_{i=1}^{p-1} \gamma_{1i} \Delta LnP_{t-i}^h + \sum_{i=1}^{p-1} \theta_{1i} \Delta LnP_{t-i}^w + \varepsilon_{1t}$$

$$\Delta LnP_t^w = \alpha_2 \left(LnP_{t-1}^h + \beta LNP_{t-1}^w \right) + \sum_{i=1}^{p-1} \gamma_{2i} \Delta LnP_{t-i}^h + \sum_{i=1}^{p-1} \theta_{2i} \Delta LnP_{t-i}^w + \varepsilon_{2t}$$

$LnP_{t-1}^h + \beta LNP_{t-1}^w$ 的非零值代表了短期内商品的市场价格对长期均衡的偏离，α 是长期参数，度量了对这一偏离的调整速度。γ 和 θ 是短期参数。VECM 模型中 ε_{1t} 和 ε_{2t} 不存在自相关。

（b）线性格兰杰因果检验

线性格兰杰因果检验建立在向量自回归模型（VAR model）的基础之上，而向量自回归模型的建立要求使用平稳的时间序列，所以本章使用天然气价格与玉米价格对数值的一阶差分序列（也就是回报率）构建简化式VAR模型（reduced－form VAR），检验天然气价格与玉米价格的先导与滞后关系，VAR模型的构建如下：

$$r_t^n = \beta_{10} + \sum_{i=1}^{p} \beta_{1i} r_{t-i}^n + \sum_{i=1}^{p} \gamma_{1j} r_{t-j}^c + \varepsilon_{1t}$$

$$r_t^c = \beta_{20} + \sum_{i=1}^{p} \beta_{2i} r_{t-i}^n + \sum_{i=1}^{p} \gamma_{1j} r_{t-j}^c + \varepsilon_{2t}$$

r_t^n 表示天然气的回报率，r_t^c 表示玉米的回报率。p表示方程中的滞后阶数，p是根据AIC、BIC等信息准则选择的最优滞后阶数，保证残差项 ε_{1t} 和 ε_{2t} 为白噪声过程，不存在自相关，但允许两个扰动项之间存在同期相关性。Granger因果关系是指，如果x是y的因，但y不是x的因，则x的过去值可以帮助预测y的未来值，但y的过去值却不能帮助预测x的未来值。Granger（1969）提出的格兰杰因果检验，具体来讲，在第一个方程式中，我们对原假设：$\gamma_{11} = \gamma_{12} = 1 = \gamma_{1p} = 0$ 进行检验。如果原假设被拒绝，玉米的回报率可以看作天然气回报率的格兰杰原因，玉米回报率的过去值可以用于预测天然气回报率的未来值。对第二个方程的检验同理。

（c）价格发现的PT模型与IS模型

第三部分的数据描述显示，天然气价格与玉米价格之间可能存在共同趋势。使用协整检验证明两者之间的共同趋势后，进一步建立VEC模型。在VEC模型的估计结果的基础上，本章使用PT模型（Gonzalo and Granger, 1995）估计了天然气价格与玉米价格的协整系统的长期共同有效价格部分，测度两个市场对共同有效价格的相对贡献。此外，本章还通过PT模型（Hasbrouck, 1995）计算了天然气和玉米两个市场对价格的相对贡献。

（3）实证结果

与第四部分相对应，实证结果的报告与讨论也分为三部分。第一部分报告向量误差修正模型的估计结果，讨论两个市场之间的长期均衡关系和短期调整速度；第二部分是关于两个市场的价格的先导和滞后关系的线性格兰杰因果检验结果；最后一部分是由 PT 模型和 IS 模型得到的，报告两个市场对价格发现的贡献的计算结果。

（a）天然气市场与玉米市场的长期均衡与短期调整

由第三部分的单位根检验可得，天然气价格与玉米价格的对数值都是一阶单整序列，符合建立协整模型的前提。为了识别两者之间是否存在协整关系，本章使用了 Engle and Granger（1987）的两步法，对方程式（1）进行估计，然后对其中的残差进行平稳性检验，得到 ADF 检验的结果如表 3－7 所示。

表 3－6　协整检验的 OLS 回归结果

被解释变量	常数项	θ	F 统计量	R－sq
LnP_t^n	1.3149＊＊＊ （0.000）	.04207 （0.160）	1.98 （0.1598）	0.0011
LnP_t^c	1.5214＊＊＊ （0.000）	.02545 （0.160）	1.98 （0.1598）	0.0011

注：“＊”“＊＊”“＊＊＊”分别表示在 10%、5%和 1%的水平上显著；括号内表示检验统计量的 p 值。

表 3－7　协整检验方程残差项的 ADF 检验结果

	统计量	1%	5%	10%	常数项	时间趋势	漂移项	滞后项
z_{1t}	－2.109＊＊	－2.580	－1.950	－1.620	无	无	无	无
z_{2t}	－1.453＊	－2.328	－1.646	－1.282	有	无	有	无

注：“＊”“＊＊”“＊＊＊”分别表示在 10%、5%和 1%的水平上显著；括号内表示检验统计量的 p 值；临界值根据 Hayashi（2000）和 Stock and Watson（2004）计算得到。

检验结果表明，两个式子的残差项是平稳的（分别在10%和5%的水平上），从而可得，天然气价格与玉米价格之间存在长期均衡关系。

天然气价格与玉米价格的长期均衡关系背后的原因主要在于：首先，农业部门直接使用能源产品，例如汽油、柴油、电力等作为农用机械的燃料，而且农业生产中也会使用能源产品的衍生物，如农药、化肥等。另一方面，能源市场中的生物燃料的生产则使用玉米、大豆等农产品作为原料。因此，能源市场与农产品市场通过生物燃料酒精与汽油的作用紧密相连，对一些价格冲击的反应表现出联动的反应。而且，大宗商品的市场价格受到许多共同因素的影响，包括货币政策、美元汇率、地区军事冲突和投机交易行为等。

基于天然气市场与玉米市场的长期均衡关系，建立误差修正模型，研究两个市场偏离长期均衡时的短期调整行为。使用Johansen的MLE方法估计系统的向量修正模型的估计结果如表所示。AIC准则下最优滞后阶数为p=4。

表3-8　误差修正模型的系数估计结果

	被解释变量：ΔLnP_t^n	被解释变量：ΔLnP_t^c
ecm（-1）	-.002755 (0.101)	.000578 (0.523)
ΔLnP_{t-1}^n	-.054665** (0.019)	-.0008036 (0.949)
ΔLnP_{t-2}^n	-.09148*** (0.000)	.003901 (0.756)
ΔLnP_{t-2}^n	-.07906*** (0.001)	-.01499 (0.232)

续表

	被解释变量：ΔLnP_t^n	被解释变量：ΔLnP_t^c
ΔLnP_{t-1}^n	0.1615*** (0.000)	0.006029 (0.797)
ΔLnP_{t-2}^n	0.01135 (0.794)	0.002370 (0.919)
ΔLnP_{t-2}^n	0.05381 (0.215)	0.02629 (0.262)
常数项	-0.0000716 (0.948)	-0.0003414 (0.568)
χ^2	47.05983*** (0.0000)	3.213641 (0.9202)
R^2	0.0250	0.0017
观察值	1843	1843

注："*""**""***"分别表示在10%、5%和1%的水平上显著；括号内表示检验统计量的p值。

误差修正系数 α_1 和 α_2 的估计结果分别为 -0.002755 和 0.000578。估计结果表明，在天然气市场和玉米市场中对长期均衡偏离的调整均不显著。

从短期的视角来看，两个市场之间的影响是显著的，玉米价格的变动对天然气价格的变动有显著的正向影响，天然气价格的波动对玉米价格的波动的影响不显著。所以，两个市场之间的影响是非对称的。

在 VECM 模型的最后，本章还检验了模型的稳定性以及模型残差序列的自相关性，检验结果表明，VEC 模型是稳定的，且残差序列中不存在自相关关系。

（b）天然气市场与玉米市场之间的价格引导关系

构建 VAR 模型以及格兰杰因果检验需要平稳的时间序列，所以，我们使用平稳的价格的对数值的一阶差分序列即两个市场的收益率。

根据 AIC 准则，我们确定 VAR 模型的最优滞后阶数为 p = 3，构建天然气价格与玉米价格对数值的一阶差分数据的 VAR 模型如下：

$$r_t^n = \beta_{10} + \beta_{11} r_{t-1}^n + \beta_1 2 r_{t-2}^n + \beta_{13} r_{t-3}^n + \gamma_{11} r_{t-1}^c + \gamma_{12} r_{t-2}^c + \gamma_{13} r_{t-3}^c + \varepsilon_{1t}$$

$$r_t^n = \beta_{20} + \beta_{21} r_{t-1}^n + \beta_2 2 r_{t-2}^n + \beta_{23} r_{t-3}^n + \gamma_{21} r_{t-1}^c + \gamma_{21} r_{t-2}^c + \gamma_{23} r_{t-3}^c + \varepsilon_{2t}$$

模型的估计结果如表所示。玉米的收益率对天然气收益率的影响显著为正，但天然气收益率对玉米收益率的影响不显著。

表 3-9 VAR 模型的估计结果

	被解释变量：r_t^n	被解释变量：r_t^c
r_{t-1}^n	-0.05581** (0.016)	-0.0005636 (0.964)
r_{t-2}^n	-0.092490*** (0.000)	0.004112 (0.742)
r_{t-3}^n	-0.07980*** (0.001)	-0.01484 (0.235)
r_{t-1}^c	0.1642*** (0.000)	0.005471 (0.815)
r_{t-2}^c	0.01363 (0.753)	0.001892 (0.936)
r_{t-3}^c	0.05613 (0.195)	0.02580 (0.269)
常数项	-0.0009924 (0.299)	-0.0001483 (0.773)

续表

	被解释变量：r_t^n	被解释变量：r_t^c
χ^2	43.7288*** (0.0000)	2.7399 (0.8407)
R^2	0.0232	0.0015
观察值	1843	1843

注："*""**""***"分别表示在10%、5%和1%的水平上显著；括号内表示检验统计量的p值。

在VAR模型中，每个随机扰动都会影响所有的内生变量。随机扰动项对一些内生变量的扰动可能先于或滞后于其他的内生变量。格兰杰因果检验就检验了这种暂时性冲击的影响顺序，也就是价格的先导和滞后关系。线性格兰杰因果检验的结果见表。玉米价格的回报率是天然气价格的格兰杰原因，在1%的水平上显著；天然气价格不是玉米价格的格兰杰原因，两个市场间的格兰杰因果关系是非对称的。

表3-10 线性格兰杰因果检验结果

原假设	x^2	p值
玉米收益不是天然气收益的格兰杰原因	16.16***	0.001
天然气收益不是玉米收益的格兰杰原因	1.5596	0.669

注："*""**""***"分别表示在10%、5%和1%的水平上显著。

（c）天然气市场与玉米市场对价格发现的贡献

天然气价格与玉米价格之间存在协整关系，说明天然气价格与玉米价格包含了共同有效价格部分。两个市场对共同有效价格部分的贡献不同，PT 模型和 IS 模型提供了估计两个市场对共同有效价格的相对贡献的方法。

根据 Stock 和 Watson（1988），价格可以被分为两个部分，$LnP_t = f_t + \tilde{Y}_t$，其中 f_t 表示两个市场的共同有效价格，$\tilde{Y}_t$ 代表短暂冲击。f_t 是两个市场价格的加权平均，权重满足 $\gamma_1 + \gamma_2 = 1$ 和 $\alpha_1\gamma_1 + \alpha_2\gamma_2 = 1$ 两个条件。根据 VECM 的系数估计结果，$\hat{\alpha}_1 = -0.002755$、$\hat{\alpha}_2 = 0.000578$。解得，$\gamma_1 = 0.173417$；$\gamma_2 = 0.826583$。所以，天然气市场对共同有效价格的贡献为 17.3%，玉米市场对共同有效价格的贡献为 82.7%。

在 PT 模型的基础上，进一步构建 IS 模型。运用 PT 模型的估计结果以及 $\rho = 0.066$；$\sigma_1 = 0.04094$；$\sigma_2 = 0.02208$，我们可以计算两种不同顺序的信息份额（天然气价格作为第一个变量，玉米价格作为第一个变量）

第一种顺序（天然气价格作为第一个变量）：

$$M = [\, m_{11} \quad 0 m_{12} \quad m_{22} \,] = \begin{bmatrix} \sigma_1 & 0 \\ \rho\sigma_2 & \sigma_2 \ (1-\rho^2)^{1/2} \end{bmatrix}$$

$m_{11} = \sigma_1 = 0.04094$，$m_{21} = \rho\sigma_2 = 0.001457$，$m_{22} = \sigma_2\ (1-\rho^2)^{1/2} = 0.02203$。天然气市场与玉米市场的信息份额如下：

$$S_n = \frac{(\gamma_1 m_{11} + \gamma_2 m_{21})^2}{(\gamma_1 m_{11} + \gamma_2 m_{21})^2 + (\gamma_2 m_{22})^2} = 0.172140$$

$$S_c = \frac{(\gamma_2 m_{22})^2}{(\gamma_1 m_{11} + \gamma_2 m_{21})^2 + (\gamma_2 m_{22})^2} = 0.827860$$

第二种顺序（玉米价格作为第一个变量）：

$$M = \begin{bmatrix} m_{11} & 0 \\ m_{12} & m_{22} \end{bmatrix} = \begin{bmatrix} \sigma_1 & 0 \\ \rho\sigma_2 & \sigma_2 \ (1-\rho^2)^{1/2} \end{bmatrix}$$

$m_{11}=\sigma_1=0.02208$，$m_{21}=\rho\sigma_1=0.002702$，$m_{22}=\sigma_1\ (1-\rho^2)^{1/2}=0.04085$。玉米市场和天然气市场的信息份额如下：

$$S_c=\frac{(\gamma_2 m_{11}+\gamma_2 m_{21})^2}{(\gamma_2 m_{11}+\gamma_2 m_{21})^2+(\gamma_1 m_{22})^2}=0.874725$$

$$S_n=\frac{(\gamma_1 m_{22})^2}{(\gamma_2 m_{11}+\gamma_1 m_{21})^2+(\gamma_1 m_{22})^2}=0.125275$$

根据 Ballie et al. （2002） 和 Zhang and Wei（2010），我们取两种结果的平均值作为价格发现的贡献的合理估计，所以，

$\overline{S}_n=0.148708$

$\overline{S}_c=0.851292$

天然气价格在共同有效价格中的信息份额为 14.87%；玉米价格在共同有效价格中的信息份额为 85.13%。

PT 模型和 IS 模型得出了相似的结论，不管采用 PT 模型还是 IS 模型，玉米价格的贡献都高于天然气价格，即玉米对整个大宗商品市场的共同有效价格的影响更大一些，一定程度上反映出天然气价格和玉米价格的非对称性。

（4） 主要结论

本节研究了大宗商品市场中天然气价格和玉米价格自 2008 年 1 月至 2016 年 3 月的现货市场的日价格数据，研究了能源市场与农产品市场之间的联动与非对称关系。使用时间序列的分析工具，分析了能源市场与农产品市场之间的协整关系、格兰杰因果关系（线性和非线性）以及两个市场对大宗商品市场共同有效价格的贡献。

研究发现，天然气价格与玉米价格存在一致趋势，协整分析表明两者之间存在长期均衡关系，反映出两个市场受到共同的经济因素的干扰，其中既有货币政策、美元汇率、地区军事冲突和投机交易行为等的因素，又

有生物燃料和汽油柴油之间的替代关系的链接作用。

线性格兰杰因果检验的结果表明，天然气市场与玉米市场之间存在单向的格兰杰因果关系，天然气市场与玉米市场之间的因果关系是非对称的，玉米市场价格的波动影响天然气市场价格的波动，而天然气的价格波动对玉米价格的波动没有显著的影响。

基于 PT 模型和 IS 模型的价格发现的分析表明，玉米市场对共同有效价格的贡献高于天然气市场（PT 模型得出，玉米市场与天然气市场的贡献分别为 82.7% 与 17.3%；IS 模型的结果为 85.1% 和 14.9%）。

根据研究结果，国际天然气价格的波动和其他非能源大宗商品价格的波动具有一定的共同影响因素，因此对国际天然气市场价格进行预测时应当一定程度上参考其他大宗商品的价格走势。特别地，由于农业产品的价格波动具有较强的可预测性，因此对农产品价格走势的判断能够帮助我们间接预测国际天然气价格的变动，作为签订天然气贸易合同时的一个辅助手段。进一步的研究方向是研究天然气市场与农产品市场之间的联动与非对称关系的具体作用机制，研究各种政治事件、天气因素等冲击对两个市场的不同作用，识别出影响两个市场的共同因素和只影响其中一个市场的特殊因素。

第四章

中国天然气产业结构改革研究

本章以北京市天然气市场为例，考虑在现有产业组织结构下采取不同的改革手段，模拟不同市场参与者的市场策略变化，并分析对当地天然气行业可能造成的影响，从而为我国在天然气产业中游进行的市场化改革提供借鉴。其中，古诺模型假设气源生产商决定各自的供气量，使其自身利润最大化，接近于政府定价政策；而伯川德模型则假设天然气供应商根据各自的成本情况独立确定供气价格，接近于实施成本加成定价政策。

4.1 北京天然气供应基本情况

2016 年北京天然气消费量为 142.1 亿立方米，主要气源有三个。一是陕西长庆油田的天然气，通过陕京 1、2、3 线供应北京。2016 年供应北京市 117.3 亿立方米，其中，陕京 2、3 线已经与西气东输一线连通。二是大唐煤制气，2016 年供应北京市 12.8 亿立方米，项目自建克旗到北京的输气管道，然后与中石油北京天然气管线相连供应北京市场。三是唐山 LNG，2016 年供应北京市 12 亿立方米（其中 8 亿 ~9 亿立方米，是北京燃气从法国采购的10船现货LNG，唐山LNG接收站接收后气化进入管道输往北京）。所以，2016年各个气源供应北京市合计142.1亿立方米，陕京线供应占比最大，达到82%，大唐煤制气占比9%，进口LNG占比9%。

北京市各气源的天然气价格不同。长庆油田的天然气由国家发展改革委制定基准门站价格，根据《国家发展改革委关于降低非居民用天然气门站价格并进一步推进价格市场化改革的通知》，2015年11月20日起，北京非居民用天然气基准门站价格为2000元/千立方米（含增值税）。大唐煤制气的价格由大唐国际与中石油签订，入网价格为2.75元/方（含13%增值税）（2750元/千立方米）。进口LNG的平均价格，由海关总署公布的2016年进口LNG的总量和金额计算平均值。根据海关总署的统计数据，2016年我国进口LNG数量合计2606万吨，折合标况气态天然气377.87亿立方米［1千克LNG = 1.4～1.5立方米天然气（标况气态，本书取1.45）］，进口金额合计89.35亿美元，折合人民币593.51亿元（根据人民银行发布的美元兑人民币汇率中间价数据统计，2016年244个交易日平均汇率中间价为1美元=6.6423元人民币），得出进口LNG的价格为1571元/千立方米（在此忽略从港口到燃气公司之间的运输和加工成本）。

有关各个气源的供应能力，长庆油田的天然气通过陕京1、2、3线供应北京，陕京线管道的设计供应量为320亿立方米，将此作为该气源的供能限制。大唐煤制气总产能40亿方/年，于2009年8月获国家发改委核准。项目分三期建设，每期产能均为13.3亿方/年，Ⅰ期于2013年底投产，Ⅱ期工程建设和设备安装也早于2015年完成95%，因此本书按照40亿平方米/年作为其供能上限。进口LNG以唐山LNG接收站的容量650万吨为上限，折合标况气态天然气94.25亿立方米。

表 4 – 1　2016 年北京天然气气源基本情况①

	长庆气田	大唐煤制气	唐山 LNG
2016 年供应量（亿立方米）	117.3	12.8	12.0
供能（亿立方米）	320.0	40.0	94.3
价格（元/千立方米）	2000	2750	1571

在掌握了北京天然气气源的基本情况之后，通过产业组织中常见的古诺模型和伯川德模型，对现实中的天然气交易进行模拟以分析北京气源市场化竞争的结果及影响。为了简化问题，在古诺模型中，我们认为 GDP 的增长速度给定并且忽略了产能的约束；在伯川德模型中，我们认为天然气的需求量按照一定的速度增长。我们进一步假设不存在串谋，运用这两个模型来模拟未来的北京天然气气源竞争局部市场均衡。

4.2　古诺模型模拟

在古诺模型中，气源生产商决定各自的供气量，使其自身利润最大化，这意味着成本低的供气商供气量多、市场份额较大，成本高的供气商供气量少、市场份额小。在这里忽略供气量受到的产能约束以简化分析。与徐婧（2010）一致，假设交易市场的价格弹性为 ε_P，收入弹性为 ε_Y，再假设需求函数为如下：

$Q = -\alpha P + BY$

Q 为需求量，P 为市场价格，Y 为地区总产值，α 和 β 分别是价格和

① 数据来源：北京燃气；中国能源研究会。

收入影响需求量的系数。价格弹性和收入弹性可以被表示为：

$$\varepsilon_P = \frac{\partial Q}{\partial P} \times \frac{P}{Q} = -\alpha \times \frac{P}{Q}$$

$$\varepsilon_Y = \frac{\partial Q}{\partial Y} \times \frac{Y}{Q} = -\beta \times \frac{Y}{Q}$$

所以，系数和可以被表示为：

$$\alpha = -\varepsilon_P \times \frac{Q}{P}$$

$$\beta = -\varepsilon_Y \times \frac{Q}{Y}$$

北京地区的三大气源生产商进行古诺产量竞争。假设他们现在受政府指导的门站价格为其产气及输气的成本价格，则供气商利润最大化的表达式为：

$$\max_{q_i} \pi_i = (P - C_i) \times q_i$$

π_i 是供气商 i 的利润，C_i 是供气商 i 的成本，q_i 是供气商 i 的供气量，P 为交易市场的均衡价格，即他们向北京地区供气的销售价格。根据需求函数得到：

$$P = \frac{\beta Y - Q}{\alpha}$$

这里总产量 $Q = \sum q_i$。

代入利润最大化的表达式中，得到：

$$\max_{q_i} \pi_i = (P - C_i) \times q_i = (\frac{\beta Y - Q}{\alpha} - C_i) \times q_i$$

最大化的一阶条件：

$$\frac{\partial \pi_i}{\partial q_i} = \frac{\beta Y - Q}{\alpha} - C_i - \frac{q_i}{\alpha} = 0$$

$q_i + Q = \beta Y - \alpha C_i$ 联立解得 Q 和 q_i 的数学表达式为：

$$Q=\frac{1}{n+1}(n\beta Y-\alpha\sum_{i=1}^{n}C_i)$$

$$q_i=\frac{\beta Y}{n+1}+\alpha\left[\frac{\sum C_i}{n+1}-C_i\right]$$

进一步可以得到均衡市场价格：$P=\frac{\beta Y-Q}{\alpha}$。

为了模拟三大气源的市场化竞争，我们需要确定北京天然气消费的价格弹性和收入弹性。收入弹性方面，根据国家统计局的数据，2011 年至 2016 年，北京市实际 GDP 的平均增长率为 7.4%，天然气消费量的增长率约为 14%，所以，本书假设北京天然气消费收入弹性值为 2。而天然气需求的价格弹性则参考冯良（2009）的估计设为 -0.584。

我们以 2016 年为初始年份。2016 年北京的 GDP 为 24899.3 亿元，天然气成交量为 142.1 亿立方米，加权的平均购气价格为 2031 元/千立方米，ε_P 取 -0.584，ε_Y 取 2，得到 2017 年需求函数关于价格和收入的偏导数 $\alpha_{2017}=0.0409$ 和 $\beta_{2017}=0.0114$，得到天然气消费的线性需求函数。假设市场的需求函数是各个供气商的共同知识，各供气商得到相对于其他供气商的最优反应函数，得到各供气商的最优产量。另外，我们假定北京的 GDP 在未来几年将保持 7% 的增长率。在后面每期的博弈里，我们保持价格弹性和收入弹性不变，利用 t-1 期气源供给商实现的纳什均衡供应量、均衡价格以及实现的 t-1 期的收入得到当期的 α 和 β。结合外生实现的当期收入（GDP），可得到当期关于价格的线性需求函数，这将成为供气商当期博弈的共同知识。表 4-2 给出了古诺模型模拟的北京天然气市场化的结果。

表 4－2 古诺模型模拟结果

年份	GDP（亿元）	总产量（亿立方米）	长庆油田	大唐煤制气	唐山 LNG	均衡价格（元/千立方米）
2017	26，642	163.5	58.9	28.2	76.4	3，441
2018	28，507	218.6	75.8	55.0	87.7	4，733
2019	30，503	308.2	105.6	85.4	117.2	5，916
2020	32，638	446.6	152.1	129.3	165.2	7，000

可以看到，供气商的产量竞争带来了总产量迅速增加，来自长庆油田的天然气由于成本较高其市场份额相比 2016 年有了明显下降，而唐山（进口）LNG 的市场份额由于其成本优势有了很大的提高。从均衡价格来看，随着 GDP 的增长，市场需求增加，市场均衡价格也有了明显上升。

接下来我们将模拟有更多供应商造成竞争更为激烈的情景。假设现在有另外一个进口 LNG 供应商（标记为“进口 LNG 2”），其供能和价格与唐山 LNG 保持一致。我们对这种情形建立古诺竞争模拟，模型结果如表 4－3 所示。

表 4－3 古诺模型模拟结果：加入另外一个进口 LNG 供应商

年份	GDP（亿元）	总产量（亿立方米）	长庆油田	大唐煤制气	唐山 LNG	进口 LNG 2	均衡价格（元/千立方米）
2017	26，642	178.8	43.6	13.0	61.1	61.1	3，067
2018	28，507	233.2	81.4	55.8	96.0	96.0	4，390
2019	30，503	325.2	111.7	88.5	125.0	125.0	5，602
2020	32，638	468.4	159.8	134.3	174.3	174.3	6，712

比较表 4－3 与表 4－2 的结果可以看到，引入另外一个进口 LNG 厂商

的竞争将会导致产量的增加以及均衡价格的下降。表4－4展示了同时加入一个管道天然气供应商（供能与价格和大庆油田保持一致）和一个进口LNG供应商（供能与价格和唐山LNG保持一致）之后的模拟结果，可以看到，在引入更多竞争后，总产量有了进一步的提高，均衡价格有了进一步的下降。

表4－4　古诺模型模拟结果：加入一个进口LNG供应商和一个管道气供应商

年份	GDP（亿元）	总产量（亿立方米）	长庆油田	大唐煤制气	唐山LNG	进口LNG 2	管道气2	均衡价格（元/千立方米）
2017	26，642	186.1	36.3	5.7	53.9	53.9	36.3	2，889
2018	28，507	239.2	83.8	55.6	99.9	99.9	83.8	4，227
2019	30，503	331.7	114.1	89.3	128.3	128.3	114.1	5，453
2020	32，638	476.2	162.5	135.9	177.8	177.8	162.5	6，575

4.3　伯川德模型模拟

伯川德模型中，天然气供应商选择供气价格（不同于古诺模型），假设不存在串谋，低成本的气源为了尽早成交，报价较低。天然气市场采用竞价交易撮合成交，气源报价低于买方报价方可成交。把达到成交条件的买卖双方报价的价差从大到小排序，价差大的先成交。另外，我们假定天然气总需求量以一定的速度增长。

表 4－5　历年北京天然气供气总量①

年度	北京天然气供气总量（万立方米）	年均增长率（%）
2002	204，774	
2003	238，471	16.46
2004	270，213	13.31
2005	317，397	17.46
2006	383，803	20.92
2007	433，823	13.03
2008	601，381	38.62
2009	682，839	13.55
2010	719，740	5.40
2011	729，608	1.37
2012	924，763	26.75
2013	989，484	7.00
2014	1，136，874	14.90
2015	1，444，924	27.10
2016	1，421，000	－1.66

我们进一步假设两种可能的需求增长模式：

情景一：匀速增长模式（以年均 15% 的速度增长）。

情景二：先快后慢增长模式（先以 20% 的速度，后以 10% 的速度增长）。

两种需求增长模式下北京天然气需求量如表 4－6 所示。

① 数据来源：北京燃气；中国能源研究会。

表4-6 两种需求增长模式下北京天然气需求量（单位：亿立方米）

年度	15%增速	先20%后10%增速
2016	142.1	142.1
2017	163.4	170.5
2018	187.9	204.6
2019	216.1	245.5
2020	248.5	294.7
2021	285.8	324.1
2022	328.7	356.5
2023	378.0	392.2
2024	434.7	431.4

并假定有两种天然气资源的配给方式：

第一种交易方式：低成本的气源优先成交。在成交量不能满足市场需求的情况下，用高成本的气源来补充市场，但将以更高的价格来满足剩余需求，直至所有需求得到满足，因此成交优先次序依次是LNG、管道天然气、大唐煤制气。

第二种交易方式：管道天然气优先。优先购买管道天然气，随着需求进一步增加，然后考虑成本较低的LNG进口，最后考虑成本较高的煤制气。

假设在未来8年内，各个气源向北京供运天然气的产能和运能均处于相对不变的情况，供能即成为各个气源向北京供气的上限。根据以上假定，各个气源每年的供应量如下表所示。市场平均价格为各个气源的天然气价格按照供应量的加权平均值。随着天然气需求的增加，高成本气源逐渐加入，天然气的平均价格逐渐上升。在相同的增长模式下，低成本气源有限的市场价格低于管道气优先的市场平均价格。

表4－7　匀速增长模式，低成本气源优先

年度	天然气需求量（亿立方米）	长庆油田	大唐煤制气	唐山LNG	平均市场价格
2016	142.1	47.9	0	94.3	1，715
2017	163.4	69.2	0	94.3	1，753
2018	187.9	93.7	0	94.3	1，785
2019	216.1	121.9	0	94.3	1，813
2020	248.5	154.3	0	94.3	1，837
2021	285.8	191.6	0	94.3	1，859
2022	328.7	234.4	0	94.3	1，877
2023	378.0	283.7	0	94.3	1，893
2024	434.7	320.0	20.4	94.3	1，942

表4－8　匀速增长模式，管道天然气优先

年度	天然气需求量（亿立方米）	长庆油田	大唐煤制气	唐山LNG	平均市场价格
2016	142.1	142.1	0	0	2，000
2017	163.4	163.4	0	0	2，000
2018	187.9	187.9	0	0	2，000
2019	216.1	216.1	0	0	2，000
2020	248.5	248.5	0	0	2，000
2021	285.8	285.8	0	0	2，000
2022	328.7	320.0	0	8.7	1，989
2023	378.0	320.0	0	58.0	1，934
2024	434.7	320.0	20.4	94.3	1，942

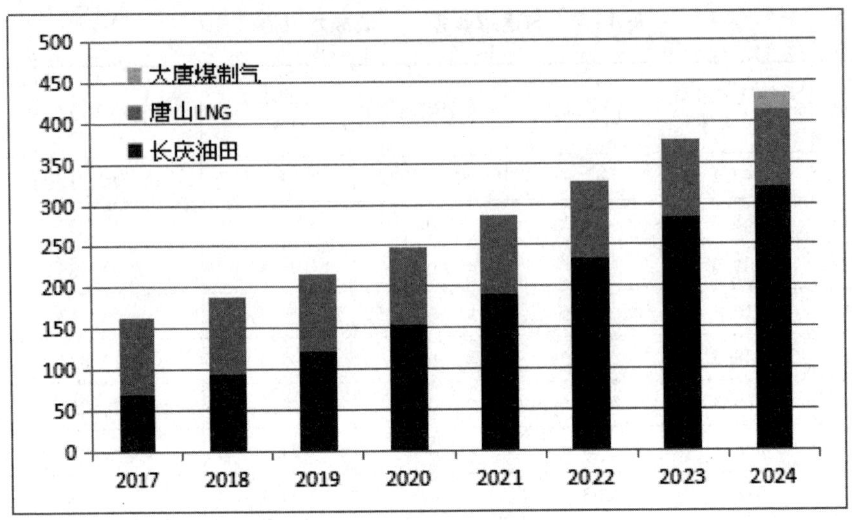

图4-1　匀速增长模式，低成本气源优先的市场供应情况

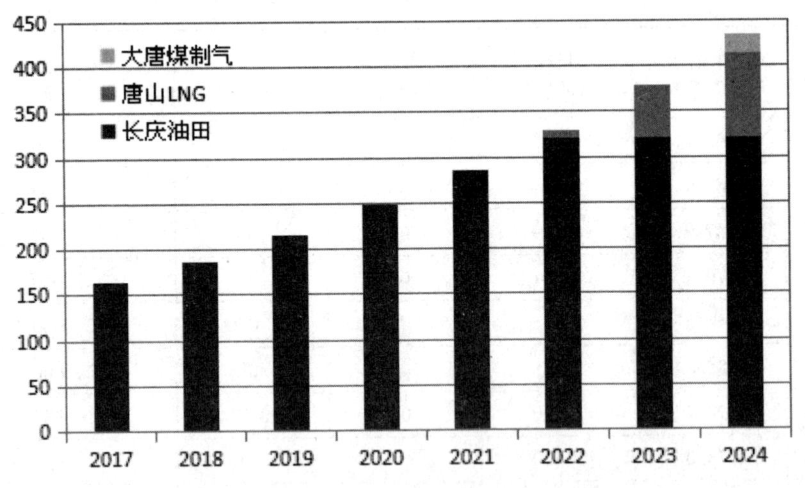

图4-2　匀速增长模式，管道天然气优先的市场供应情况

可以从表4-7、表4-8以及图4-1、图4-2的模拟结果中看到，如果北京市天然气需求以15%的速度匀速增长，在低成本气源优先成交的模式下，唐山 LNG 保持最大供能，长庆气田管道气的供应逐年增加。当管道气达到最大供能时，高成本的大唐煤制气加入。如果采用管道气优先的模式，则一开始只有管道气一种气源供应市场，管道气供应达到上限后，低成本的进口 LNG 进入市场，成本最高的大唐煤制气最后进入。

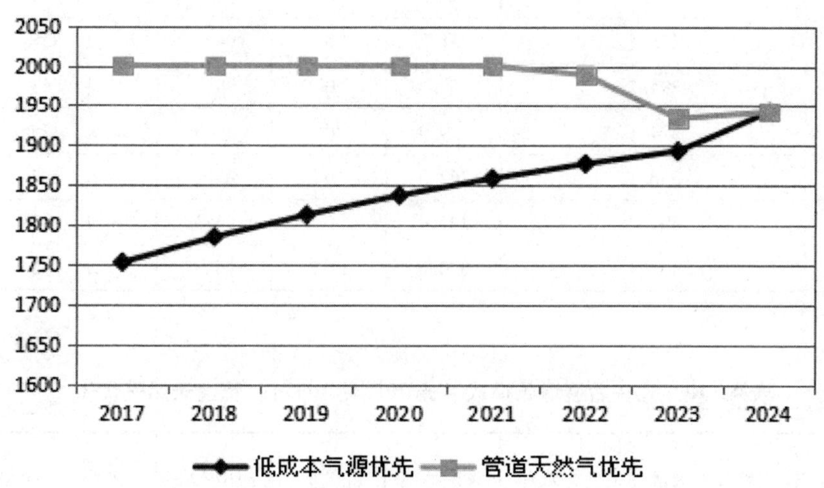

图 4－3　匀速增长模式下两种供应方式的市场平均价格

可以从图 4－3 看出，给定天然气需求的匀速增长，在低成本气源优先的模式下，市场价格以稳定的速度逐渐提高；在管道气优先的供应模式下，市场价格先保持平稳，当管道气供应达到上限、低成本的进口 LNG 加入时，市场价格下跌，随着市场需求的进一步扩大，高成本的大唐煤制气拉高了市场价格。

表 4－9　先快后慢增长模式（先 20% 后 10%），低成本气源优先

年度	天然气需求量（亿立方米）	长庆油田	大唐煤制气	唐山 LNG	平均采购价格
2016	142.1	47.9	0	94.3	1，715
2017	170.5	76.3	0	94.3	1，763
2018	204.6	110.4	0	94.3	1，802
2019	245.5	151.3	0	94.3	1，835
2020	294.7	200.4	0	94.3	1，863
2021	324.1	229.9	0	94.3	1，875
2022	356.5	262.3	0	94.3	1，887
2023	392.2	297.9	0	94.3	1，897
2024	431.4	320.0	17.2	94.3	1，936

表 4－10　先快后慢增长模式（先 20% 后 10%），管道天然气优先

年度	天然气需求量（亿立方米）	长庆油田	大唐煤制气	唐山 LNG	平均采购价格
2016	142.1	142.1	0	0	2，000
2017	170.5	170.5	0	0	2，000
2018	204.6	204.6	0	0	2，000
2019	245.5	245.5	0	0	2，000
2020	294.7	294.7	0	0	2，000
2021	324.1	320.0	0	4.1	1，995
2022	356.5	320.0	0	36.5	1，956
2023	392.2	320.0	0	72.2	1，921
2024	431.4	320.0	17.2	94.3	1，936

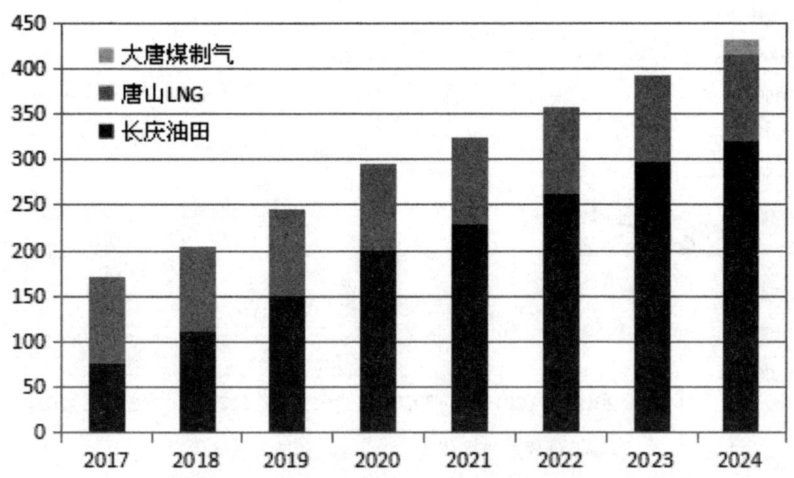

图 4-4　匀速增长模式，低成本气源优先的市场供应情况

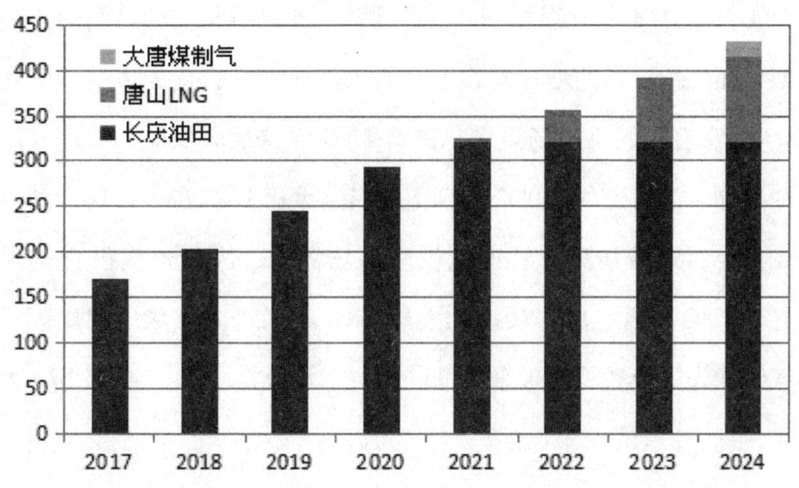

图 4-5　先快后慢增长模式，管道天然气优先的市场供应情况

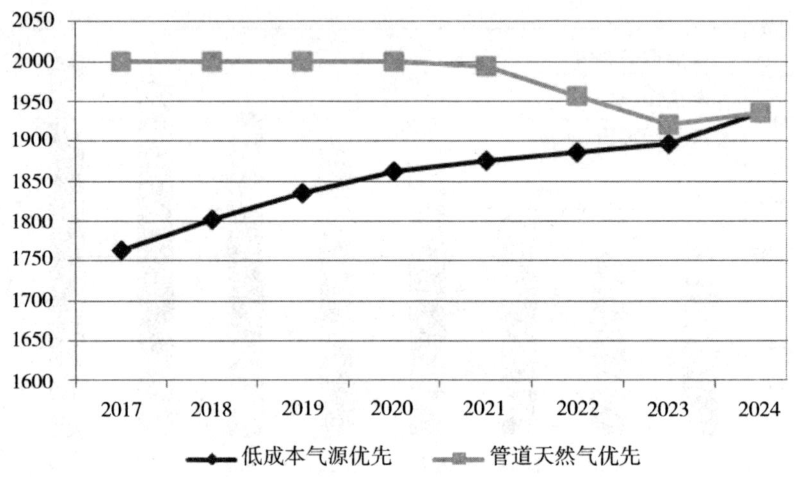

图 4－6　先快后慢增长模式下两种供应方式的市场平均价格

表 4－9、表 4－10 以及图 4－4、图 4－5 的结果表明，与匀速增长模式类似，在先快后慢的增长模式下，如果低成本气源优先成交，则先由进口 LNG 和管道气满足市场需求，进口 LNG 保持最大供能，管道气的供应量逐渐增加。当管道气的供应达到上限后，大唐 LNG 进入市场。如果管道气优先供应，则最初只有管道气供应市场需求，当管道气供应达到上限后，进口 LNG 加入，成本最高的大唐 LNG 最后进入市场。相比而言，低成本气源优先的模式将会带来较低的市场平均价格（如图 4－6 所示）。

4.4　小结与政策建议

本章通过产业组织理论中经典的古诺模型和伯川德模型，对北京天然气市场化进行模拟。古诺模型模拟了在政府统一定价的情景下生产者进行产量竞争的情景，模拟结果表明供气商的竞争将会带来总产量的迅速增加。并且随着经济增长，市场需求增加，市场均衡价格也有了明显上升。当引入更多的供气商进行竞争时，市场总产量将会得到提高，均衡价格则会有所下降。该模型对未来在城市燃气改革的过程中引入上游供应商竞争，并实施统一市场出清交易形式的情景进行了模拟，通过模拟结果发现竞争性供应商的增加对市场培育（成交量上升）和降低消费者负担具有积极作用，因此放松对进入门槛的限制应当成为未来改革的方向之一。

伯川德模型近似模拟了政府进行成本加成定价的情境下生产者进行的价格竞争，通过模型分析发现，在低成本气源优先的模式下，市场价格以稳定的速度逐渐提高；在管道气优先的供应模式下，市场价格先保持平稳，当管道气供应达到上限、低成本的进口 LNG 加入时，市场价格下跌，随着市场需求的进一步扩大，高成本的大唐煤制气拉高了市场价格。可以看到，在低成本气源优先成交的模式下，市场价格水平较低，从消费者角度来看是一种较好的交易模式。该分析近似模拟了对供气者实施成本加成定价的情景，也就是说供气者的供气价格差异反映了供气成本差异，在该情境下，市场成交价格无疑比前述的古诺模型情境下更低，更具有市场效率。然而在市场化改革中采用成本加成定价的主要问题在于对成本的监管以及市场进入者由于收益保障所导致的经营无效率，因此，监管能力建设、惩罚机制及市场进出机制的设计在此显得尤为重要。

第五章

中国居民天然气定价机制改革研究

5.1 背景介绍

为了在中国能源结构转型期间促进天然气产业的健康发展，政府部门相应出台了针对天然气产业的改革措施，旨在形成一个由市场机制发挥主要作用的天然气定价模式，改变传统上天然气分段管理、成本加成的定价格局。随着能源市场价格改革的深化，由市场决定天然气井口价格和销售价格的政策措施正陆续开展。2017 年 6 月，随着国家发改委《关于加强配齐价格监管的指导意见》下发，气改改到了“最后一公里”，居民用气价格成了天然气价格改革的最大空白。

2011 年，国家发展改革委在广东、广西两地率先开展天然气价格形成机制的试点改革工作，确立了以“市场净回值”替代成本加成定价方法的总体改革思路。2014 年，国家发展改革委对居民生活用气阶梯价格制度提出了明确的指导细则，并要求在全国范围内实行居民天然气阶梯定价。

按照该指导意见，天然气阶梯定价方案中第一档气量应保证 80% 的居民家庭用气，价格上基本与供气成本相匹配；第二档气量的覆盖范围扩大到95%的居民月度用气，价格上是第一档天然气价格的1.2倍；第三档气量为超过第二档的额外部分，价格定为第一档天然气价格的1.5倍。在该指导意见的推动下，到2015年底，全国范围内已经基本建立起较为全面的阶梯气价定价模式，阶梯气价制度已在16个省区的67个城市相继运行。随着天然气阶梯价格制度的迅速推行，针对居民天然气消费对价格变化响应机制的研究，即天然气消费价格弹性系数的研究变得十分迫切（殷建平，2014）。

张川等（2012）指出，由于天然气需求价格弹性较小，对应价格的些许波动会明显影响到居民的基本生活，其生活必需品的地位日渐凸显。如果在推行居民阶梯气价的过程中盲目提高天然气价格，则会对居民的日常用气增加额外的经济负担。要对居民天然气推行阶梯气价、控制居民天然气消费，必须准确衡量价格调控带来的影响，在天然气价格上升和保障居民生活之中做出权衡（龚晓俊与耿杰，2008）。由于不同的消费群体具有不同的价格弹性，实行阶梯气价之后天然气消费量的变化取决于价格弹性在不同消费群体中的分布情况。正是因为天然气价格弹性关系到不同居民消费分档气量与分档气价的合理制定，为了进一步研究居民天然气消费与天然气价格的关系，给天然气阶梯价格制度的推进提供参考，天然气价格弹性系数的估计与应用成为解决这一问题的关键。

本研究力图在以下方面做出创新，对当前的居民天然气价格研究做出补充：第一，在研究范围上，本书以中国居民能源消费调查（CRECS）数据库和中国综合社会调查（CGSS）数据库中微观家庭数据为基础，从微观家庭层面的视角去展开居民天然气价格弹性的计算，从而与当前诸多从宏观层面上测算天然气价格弹性的研究形成呼应。第二，在系数估计的准确性上，受到天然气价格内生性的影响，现有文献对于居民天然气价格弹性的估计系数可能存在偏误。本书将采用非居民天然气价格作为居民天然气价格的工具变量来解决内生性影响。第三，在不同消费群体分析上，考虑到简单地将样本按照收入水平平均分成若干组进行回归的做法，会在一定程度上损失居民天然气消费信息的完整性。本书对不同层次天然气消费水平的居民进行工具变量分位数回归，较为准确完整地估计了居民天然气消费的弹性系数及其在不同消费水平上的分布，并对不同群体的阶梯价格设计进行了 Ramsey 定价模拟，为我国市场化改革背景下的天然气价格调整政策提供参考。

有关能源价格弹性的量化估计研究由来已久，最早可追溯到 Nerlove（1958）。该研究一般化地将商品的需求和供给作为因变量，商品价格作为自变量，从而构建了基本的商品消费和价格之间的二元关系。以 Nerlove（1958）提出的关系框架为依据，后续文献的改良思路主要可以分为两类：一是不断在变量设置上安排与能源消费有关的各类变量（比如 Luchansky & Monks，2009）；二是不断在计量方法上推陈出新，用更加严谨的计算模型来估计弹性系数的大小（比如 Krichene，2002）。

在变量选择上，最简单的方法是直接将能源价格作为影响能源消费的解释变量加入回归方程。例如 Luchansky & Monks（2009）将乙醇的价格因素视为影响乙醇燃料消费的最主要因素。Brown & Phillips（1989）将滞后期的石油价格代入线性模型中，发现滞后项的估计系数显著异于零，类似的能源价格对能源消费的滞后效应还在 Fan & Hyndman（2011）对电力价格弹性的研究中得到证明。Gundimeda & Köhlin（2008）将薪材、煤油、电力和液化石油气的价格同时代入估计方程来探究不同能源价格之间的相互影响，Jamil & Ahmad（2011）认为在灌溉等农业生产活动中需要考察电力和柴油之间的替代关系，Arthur et al.（2012）更是考察了薪材、木炭、蜡烛、煤油和电力等多达五种能源之间的交叉弹性。能源价格在不同时期和不同产品类型上的表现成为能源弹性研究中最重要的考虑因素。

收入水平是另一个影响能源消费的重要变量，直接作为预算硬约束决定着能源消费的所处水平。此处的收入水平，既可以指狭义上微观层次的家庭收入，也可以指广义上宏观层次的国内生产总值（GDP）（Krichene，2002；Cooper，2003；Türkekul & Unak tan，2011；Lim et al.，2014）。在微观层次上，家庭的可支配收入影响着家庭成员在能源产品上的消费倾向与消费能力。在宏观层次上，能源消费的增长伴随着国内产值的提升，国民经济发展中以工业发展为主的客观需求会拉动能源行业的资源投入，促进能源使用，带动能源产品的消费上涨。

除了价格和收入这两种主要解释变量之外，部分实证研究还将其他可能的因素考虑在内，比如家庭人口规模、家庭成员受教育水平以及居住地区等一系列其他变量。Gundimeda & Köhlin（2008）提出家庭人口数量会影响家庭能源消费。Darby（2006）的研究表明家庭成员会因为受教育水平的提升而树立节能观点、增加节能意识，影响其家庭能源消费的水平。Kaza（2010）和 Romero – Jordán et al.（2016）则相继对居住地区与家庭能源消费的关联进行了讨论，其中 Kaza（2010）主要从家庭居住面积出发，认为住房面积的增长会造成能源消费上涨，而 Romero – Jordán et al.（2016）则从城乡差异的角度对城市和农村地区的能源消费情况展开了对比。

在估计方法上，弹性分析中最为广泛使用的是普通最小二乘法（OLS），该方法对自然对数形式的变量估计系数即为相应的弹性系数（Brown & Phillips，1989；Arthur et al.，2012）。为了克服联立性偏误等内生性问题的影响，随后协整分析和误差修正模型（ECM）被应用到能源弹性系数估计上，具体研究案例可见 Krichene（2002）对于世界原油和天然气市场的价格弹性分析、Türkekul & Unaktan（2011）对于农业生产中能源需求价格弹性的估计以及 Lim et al.（2014）对于服务业电力需求价格弹性的测算。除了均值意义上的分析，Kaza（2010）使用了五个分位点来对不同层次的家庭能源消费展开估计，Romero - Jordán et al.（2016）则将分位点数目扩展到了十一个。此外，Cooper（2003）使用局部调整模型来将能源消费的滞后项代入解释变量中，Gundimeda & Köhlin（2008）则以家庭支出结构为基础通过近乎理想化的需求系统模型来估计能源的需求弹性，其他的研究方法比如 Rao（2007）提到的从一般到特殊方法（GTS）以及 Fatai et al.（2003）采用的自回归分布滞后模型（ARDL）也出现在能源消费的实证研究中。

在居民阶梯气价的定价模型上，Ramsey 定价被视为最主要的定价方式（邢文婷等，2015）。Ramsey（1927）提出了 Ramsey 定价的基本原理，随后 Boiteux（1956）将该定价方法应用到自然垄断企业产品定价的实际操作中。Ramsey 定价是将接受价格的消费群体视为统一的整体，根据不同群体的价格弹性来设置分档价格，调整各群体间的消费者剩余，从而在保证收支平衡的条件约束下最大化社会福利（黄辉和何永秀，2009）。张川等（2012）强调，在天然气阶梯定价中，Ramsey 定价的这种差别定价机制具有重要参考意义。在阶梯电价等已经较为成熟的能源分段计价政策中，Ramsey 定价已经得到广泛的应用（范斌等，2012；黄海涛，2012）。鉴于阶梯气价和阶梯电价具有相似的定价特点，本书基于天然气弹性系数的阶梯定价模拟也将参考 Ramsey 定价来设计。

随着能源消费引起政府部门和学者的关注，对中国能源消费弹性的研究正逐渐涌现，且大多数是针对宏观层面上能源消费与国民生产总值之间的弹性系数。姚愉芳（1993）确定了能源消费弹性、能耗系数、国民生产总值增长率以及能源消费增长率之间的定量关系，同时估计出1978年至1990年期间能源消费弹性系数大小在 -0.31 与 1.06 之间。杨敏英（2003）将国民生产总值替换为国内生产总值，使用1995年至2000年的宏观指标数据得出能源消费弹性系数在 0.02 与 0.66 之间。施发启（2005）则将研究时期扩展为1978年到2004年，估计出对应的弹性系数在 -0.53 与 1.66 之间。该弹性系数范围与吴海瑾（2006）得出的介于 -0.52与1.61 的区间高度一致。类似的研究结果还包括夏梅兴和唐忆文（2006）估计的弹性系数范围［0.30，0.80］、邓江和吴剑波（2009）估计的弹性系数范围［0.57，1.59］、贾全星和靳清（2014）估计的长期均衡弹性系数0.57、刘卫东等（2016）估计的定基能源消费弹性系数0.20。

然而，与宏观层面的研究相比，微观层面上从家庭能源消费角度切入去估计居民消费弹性特点的文献仍然十分有限，具体到能源品种去计算天然气消费价格弹性的研究则更为少见。冯良等（2009）从上海市的天然气市场入手，探究天然气需求和天然气价格指数之间的关系，得到天然气的短期需求价格弹性为 -0.548。类似的，高千惠等（2012）通过成都市天然气的销售量和天然气价格，得到月度的天然气价格弹性在 -0.07 与 -0.59 之间。上述两例关于天然气价格弹性的估计仍然来自宏观经济变量的回归。Zheng et al.（2014）在国内率先展开居民家庭能源消费的问卷调查，基于该项能源消费调查得到的数据，Sun & Ouyang（2016）估计了居民能源消费的价格弹性和支出弹性，其中居民天然气需求价格弹性估计系数为 -0.78。

除了天然气价格弹性的估计以外，弹性系数的另一研究重点在于如何将其应用到居民天然气阶梯价格政策的实践中。在电力价格领域，已经有范斌等（2012）、黄海涛（2012）、王睿淳等（2013）关于居民阶梯电价政策制定的研究作为示范，通过 Ramsey 定价法则将能源价格消费弹性与阶梯价格政策联系起来。邢文婷等（2015）对价格弹性系数在天然气各档气价进行量化制定的应用上做出了尝试，以每户家庭天然气消费量最小化为目标函数，通过蚁群算法求解约束条件下的极值问题，得出第一档气价为 2.2 元/立方米、第二档气价为 2.83 元/立方米、第三档气价为 3.4 元/立方米，分档气量分别为每年 600 立方米和每年 840 立方米。本书将在以上研究基础上，引入实际的微观家庭数据来估计天然气价格弹性系数，增加对现实居民天然气消费情况的解释力度，形成关于天然气价格弹性系数估计、弹性系数优化、弹性系数应用这一完整的分析链条，对当前天然气价格弹性的研究做出补充。

5.2 理论模型构建

（1）基准模型

按照一般的计量模型设定，本书用来估计居民天然气消费价格弹性系数所用的基本模型为线性对数模型。该模型中研究重点关注的自变量和因变量在等式两端同时取对数，得到的估计系数便是因变量相对于自变量的弹性系数，这也是能源弹性估计文献中普遍采用的方法（Cooper，2003；Sun & Ouyang，2016）。依据文献综述章节涉及的变量设计和估计方法，本书选择能源价格、家庭收入、人口规模、居住面积、教育程度、省份地区等因素作为天然气消费的解释变量，同时考虑到截面数据能够应用的模型较为有限，本书对于基准计量模型的设定如下：

$$\ln c_i = \beta_0 + \beta_1 \ln p_i + \beta_2 \ln y_i + \beta_3 \ln hs_i + \beta_4 \ln da_i + \beta_5 edu_i + \beta_6 prov_i + \varepsilon_i \quad (1)$$

基准模型中的脚标 i 代表调查中的受访家庭。被解释变量 c 代表居民天然气能源的年度消费量。解释变量 p 对应居民用天然气、电力和液化石油气的价格水平。y 表示家庭年度总收入，hs 表示家庭每年的常住人口数量，da 表示受访家庭居住面积，edu 表示家庭成员主要受访者的教育水平，$prov$ 表示省份的固定效应，ε 表示随机误差。

（2）工具变量

在对天然气价格弹性的基准计量模型回归得到初步的估计系数之后，需要考虑变量的内生性。在居民天然气消费和天然气价格的研究中，内生性问题可能存在诸多来源。一般而言，天然气价格的上涨会抑制居民天然气消费，同时天然气供给量的下降则会引发天然气价格的上升。在天然气市场出清的情况下，天然气消费量基本等于其供给量，从而天然气的消费量会反过来影响价格变化，形成逆向因果。其次，在处理天然气价格数据时，本书假定市级层面上居民面对着统一的价格水平，所用样本数据中的天然气价格也来自网络搜集，这样得到的价格与各市真实的天然气价格存在一定的测量误差。在经典变量误差假定下，若天然气价格的观测值与测量误差相关，则普通最小二乘法给出的估计量是有偏且不一致的。再加上模型中难以列入所有与居民天然气消费相关的解释变量，如果包含在误差项当中的遗漏变量与天然气价格相关，势必会引起遗漏变量偏误。

为了解决内生性问题，本书以非居民天然气价格作为居民天然气价格的工具变量（IV）展开研究。由于交叉补贴的存在，中国的天然气市场长期呈现居民用气价格低、商业以及工业用气价格高的情况，居民用气价格和非居民用气价格的并行定价为本书选择工具变量 z 提供了有价值的参考。

政府部门出于补贴民用、改善民生的考虑，以较高的非居民用气价格取得的收益来补偿较低的居民用气价格造成的亏损，这种政策决定了非居民用气价格与居民用气价格的设定具有高度的相关性。同时，非居民天然气价格与本书设定中影响居民天然气消费的变量相对独立，体现出作为良好的工具变量的外生性要求。

正是由于非居民用天然气价格满足工具变量相关性与外生性这两个重要条件，本书采用非居民天然气价格作为居民天然气价格的工具变量，通过以下两阶段最小二乘法（2SLS）来力图消除内生性可能带来的系数偏误问题。其中 z 表示作为工具变量的非居民天然气价格，X 表示式（1）右侧价格变量之外的其他自变量组成的向量，μ 表示第一阶段回归中的误差项，第一阶段回归得到的估计值以^号标记。由于第一阶段回归中内生变量的拟合值与第二阶段回归中的误差项不相关，内生性造成的系数偏误可以得到有效修正。

$$\ln p_i = \gamma_0 + \gamma_1 \ln z_i + X'_i \gamma_x + \mu_i = \ln p_i + \mu_i \tag{2}$$

$$\ln c_i = \beta_0 + \beta_1 \ln p_i + X'_i \beta_x + [\varepsilon_i + \beta_1 (\ln p_i - ln p_i)] \tag{3}$$

$$Cov[\ln p, \varepsilon + \beta_1 (\ln p - \ln p)] = Cov(\ln p, \varepsilon) + \beta_1 Cov(\ln p, \mu) = 0 \tag{4}$$

（3）分位数回归模型

在对数形式下，普通最小二乘估计可以直接给出天然气消费的价格弹性，但这种估计是基于均值水平的。除了给出平均意义上的弹性系数，针对不同天然气消费水平上的弹性分析也是探究居民能源消费特征的重要内容。为了分层次计算居民的天然气消费情况，本书使用分位数回归（QR）来对弹性系数进行估计。分位数回归由 Koenkerh & Basset（1978）提出，用于对被解释变量的不同分位点进行估计，其更常见形式为50%分位点上的中位数回归。在分位数回归模型中，式（5）中 q 表示分位点，满足范围 $0<q<1$；K 表示式（1）右侧所有自变量组成的向量；β_q 表示对应于向量 K 的系数向量。根据式（5）可以估计在任意 q 分位点上居民天然气消费对价格变化的响应情况。引入作为权重的分段函数 ρ_q（u），则式（5）可以等价表示为式（7），最小化其函数值得到的系数便是分位点 q 下各变量的估计系数。

$$\min_{\beta_q}\left\{\sum_{i:\ \ln c_i\geq\beta X_i} q\left|\ln c_i-K_i'\beta_q\right|+\sum_{i:\ \ln c_i<\beta X_i}(1-q)\left|\ln c_i-K_i'\beta_q\right|\right\} \tag{5}$$

$$\rho_q(u)=[q-1(u<0)]u \tag{6}$$

$$\min_{\beta_q}\sum_i\rho_q(\ln c_i-K_i'\beta_q) \tag{7}$$

与普通最小二乘法类似，分位数回归也会由于内生性问题造成系数估计偏误。当因变量为连续变量时，解决分位数回归中的内生性既可以借鉴 Lee（2007）中套用控制函数的方法，也可以沿用在两阶段最小二乘法中使用到的工具变量。为了保持工具变量使用的连贯性，本书在分位数回归中再次采用非居民用天然气价格为工具变量，参考 Chernozhukov & Hansen（2008）中的工具变量分位数回归（IVQR）来对传统分位数回归中的估计系数进行调整。根据 Chernozhukov & Hansen（2008）构造的模型，在外生控制变量 X 的条件下，被解释变量 Y 简化为式（8）中的线性函数，相应的 D 为研究关心的内生变量，U 为不可观测的随机变量且在 0 到 1 上均匀分布，V 为与 U 相关的不可观测的扰动项，Z 为独立于 U 但对 D 有影响的工具变量。

$$Y=D'\alpha(U)+X'\beta(U),\ U\mid X,\ Z\sim Uniform(0,1) \tag{8}$$

$$D=\delta(X,Z,V) \tag{9}$$

进一步的，在式（10）传统分位数回归的基础上，Chernozhukov & Hansen（2008）引入了结构分位数函数 S_Y 来刻画 Y 在不同分位点上的分位数函数。按照定义，Y 与 S_Y 之差在任意分位点上为零，从而得到额外的矩条件来估计内生性情况下的变量系数。在具体操作求解中，先给出一个结构参数 α，通过传统的分位数回归得到 X 系数 β（α，q）的估计值和 Z 系数 γ（α，q）的估计值，调整 α 使得 γ（α，q）的估计值尽量接近于零，从而得到 D 系数 α（q）的估计值和 X 系数 β（q）的估计值。可以证明，经过以上处理得到的关于内生变量 D 的系数估计量是一致估计量，详见 Chernozhukov & Hansen（2008）对该模型的推导。

$$Q_Y(q|D,X) = \arg\min_f E[\rho_q(Y - f(D,X)] \quad (10)$$

$$S_Y(q|D,X) = D'\alpha(q) + X'\beta(q) \quad (11)$$

$$Q_{Y-S_Y(q|D,X)}(q|Z,X) = \arg\min_f E\rho_q\{[Y - S_Y(q|D,X) - f(Z,X)]\} = 0 \quad (12)$$

本书采用分位数回归出于两点考虑：其一，相比于简单地对不同消费层次分成多组子样本进行回归而言，分位数回归以加权绝对偏差的方式保留了所有样本的信息，得到的估计结果更为完备，在 10%、25%、50%、75%、90% 等分位点上的分析可以观察到天然气价格弹性系数随着居民天然气消费水平变化而发生的变动趋势；其二，由于阶梯定价模型中的 Ramsey 定价法则涉及不同消费群体的价格弹性系数，分位数回归得到的系数结果可以直接用于 Ramsey 定价法则中，从而根据不同消费者对于天然气价格的反应情况设计出合理的居民天然气阶梯价格水平，为阶梯气价的制定提供定量的分析支持。

（4）Ramsey 定价法则

Ramsey 定价法则最早由 Ramsey（1927）提出，并被 Boiteux（1956）

应用到自然垄断企业的分析中。根据 Ramsey 定价法则，在边际成本相同的情况下，企业主体应该对价格弹性较低的市场实施较高的定价，对价格弹性较高的市场则制定较低的价格，从而使得总的收益能通过不同的定价在各个市场中得到平衡。Ramsey 定价法则与居民天然气阶梯定价的契合之处在于，它们可以通过天然气的消费水平将居民分为不同的群体，从而实施差异性定价。根据 Ramsey 定价法则，为了最大化社会福利 U，即天然气产业在约束条件下的效用剩余，关于居民天然气阶梯定价优化问题的目标函数和预算约束条件可以写成：

$$U(Q)=\sum_{j}\left[\int_{0}^{Q_j}P_j(Q)\,dQ_j\right]-C(Q) \tag{13}$$

$$\sum_{j}Q_jP_j(Q)-C(Q)=F \tag{14}$$

其中 P_j代表居民所属消费群体 j 接受的平均价格，Q_j代表特定消费群体 j 各自的天然气消费量，C 包括了天然气企业从前期建设到正式运营的总成本，同时本书假定天然气企业的固定利润 F 为常数。通过 Lagrange 乘子法求解该优化问题可以得到一阶条件，即 Ramsey 定价法则，也称逆弹性定价法则，主要运算过程如下：

$$Q_{Y-S_Y(q|D,X)}(q|Z,X)=\arg\min_{f}E\rho_q\{[Y-S_Y(q|D,X)-f(Z,X)]\}=0 \tag{15}$$

$$L=\sum_{j}[\int_{0}^{Q_j}P_j(Q)dQ_j]-C(Q)+\lambda\cdot[\sum_{j}Q_jP_j(Q)-C(Q)-F] \tag{16}$$

$$\frac{\partial L}{\partial Q_j}=P_j-MC_j+\lambda\cdot(P_j+Q_j\cdot\frac{\partial P_j}{\partial Q_j}-MC_j)=0 \tag{17}$$

$$\frac{P_j-MC_j}{P_j}=-\frac{\lambda}{1+\lambda}\cdot\frac{1}{E_j} \tag{18}$$

式（17）即为逆弹性定价的公式，其中的弹性系数 E_j由式（18）表示。通过引入不同的居民消费群体 $j=1$，…，n，可以消去 Lagrange 乘数

λ，从而将定价法则改写为：

$$E_j = \frac{\partial Q_j}{\partial P_j} \cdot \frac{P_j}{Q_j} \tag{19}$$

为了将价格水平 P_j 和分档气价 T_j 联系起来，本书借鉴 Sun and Lin (2013) 对于阶梯价格的量化分析方法，使用传统的三段式阶梯气价，即分档气量临界点 V_1 和 V_2 将居民天然气消费量分成三段，分别对应第一档用气价格 T_1、第二档用气价格 T_2 和第三档用气价格 T_3。给定居民的家庭数量 H 以及当中属于第二档天然气消费的比重 W_2 和属于第三档天然气消费的比重 W_3，天然气企业从消费群体 j 获得的收益可以分别用含有 P_j 与 T_j 的式子表示，从而联立各个方程解出居民天然气阶梯气价在 Ramsey 定价法则下的各个分档气价大小，并将其作为模拟价格与实际的阶梯气价政策进行对比。

$$R_1 = T_1 \cdot Q_1 \tag{20}$$

$$R_2 = T_1 \cdot V_1 \cdot W_2 \cdot H + T_2 \cdot (Q_2 - V_1 \cdot W_2 \cdot H) \tag{21}$$

$$R_3 = T_1 \cdot V_1 \cdot W_3 \cdot H + T_2 \cdot (V_2 - V_1) \cdot W_3 \cdot H + T_3 \cdot (Q_3 - V_2 \cdot W_3 \cdot H) \tag{22}$$

$$R_J = P_J \cdot Q_j \tag{23}$$

5.3　变量设计与数据说明

（1）居民天然气消费量

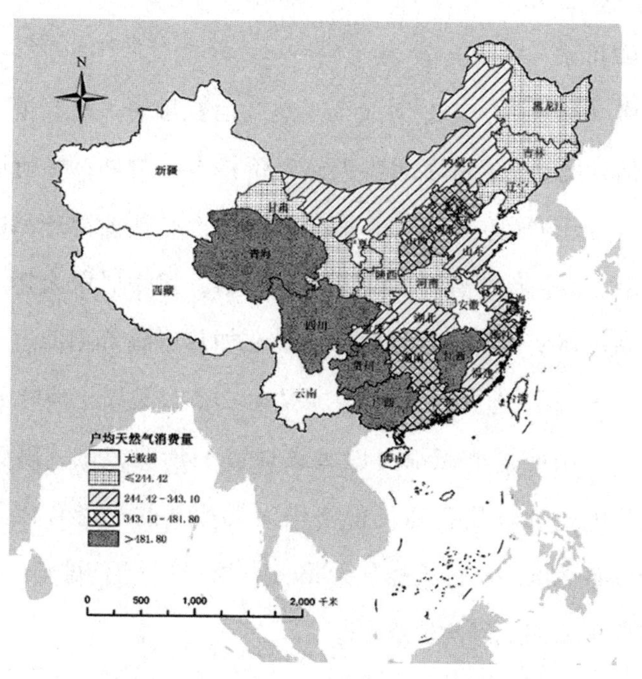

图 5－1　各省份户均天然气消费量分布情况（单位：立方米/年）

本书使用的居民天然气消费量（用 c 表示）来自中国居民能源消费调查以及中国综合社会调查数据库。当前调查内容覆盖的年份包括 2012 年、2013 年以及 2014 年，其中 2012 年居民调查数据已陆续被 Zheng et al.（2014）、Sun and Ouyang（2016）等学者用于能源消费的微观实证分析中，2013 年问卷主要面向农村居民展开设计调查，2014 年的调查作为中国综合社会调查的能源模块合并进行。本书使用2014年的居民天然气消费量数据作为截面数据，其消费来源在于厨房烹饪与热水供暖。严格来讲，居民用车出行时交通燃料中的天然气也应该纳入居民天然气消费的范畴，但由于本书的弹性系数估计面向居民阶梯气价展开，仅考虑管道天然气的消费情况，家庭成员车用燃料中天然气消费不纳入本书的计算当中。图中各地区居民天然气消费呈现出明显的南多北少的分布特点。

（2）能源价格

能源价格（用p表示）是对应于天然气消费量的关键变量，也是价格弹性产生与估计的基础。除了居民天然气价格本身之外，影响居民天然气消费的价格因素还可能包括电力、液化石油气等其他能源产品的价格，在对数形式下后者的估计系数即为交叉弹性系数，代表居民天然气消费量对其他能源产品价格变化的敏感程度。居民在加热取暖等用能过程中通常不止天然气这一种能源选择，蜂窝煤、木炭、管道煤气、液化石油气、电力、薪柴以及太阳能等能源都可以纳入居民的消费范围。限于数据可得性，本书只将电价和液化石油气价格作为天然气的可能替代品加入模型中。图对全国各地区的居民天然气价格分布情况进行了刻画，西部地区的价格要显著低于东部地区的价格。

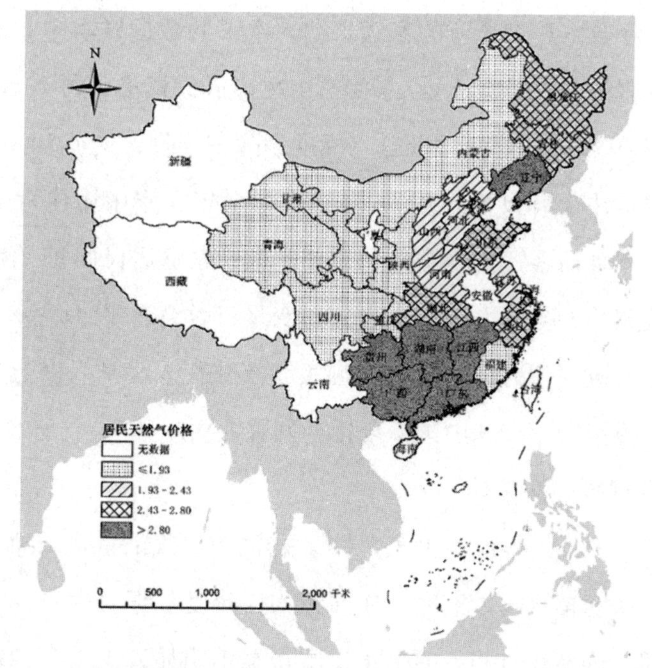

图 5－2　各省份居民天然气价格分布情况（单位：元/立方米）

附表 5－1 展示了国家发改委出台的文件中对于非居民天然气价格的规定，其中发改价格〔2013〕1246 号公布的定价方案于 2013 年 7 月 10 日执行，发改价格〔2014〕1835 号公布的定价方案于 2014 年 9 月 1 日执行。本书将 2014 年的非居民天然气价格分成两部分，按照定价方案的执行月份长度做加权平均后得到 2014 年居民天然气价格的工具变量，以便更好地拟合非居民用气价格的实际调整状况。为了匹配中国居民能源消费调查中的市级层面数据，本书进一步搜集各城市发改委公布的非居民天然气价格，在部分城市数据缺失的情况下才使用省级层面的门站价格作为补充。

（3）其他变量说明

家庭总收入水平（用 y 表示）数据来自中国居民能源消费调查和中国综合社会调查。在问卷设计上，2014 年全年家庭总收入的填写设置上限为百万位数，年收入达到千万的家庭未纳入本书的数据样本中。根据民政部公布的社会服务发展统计公报，2014 年城市低保标准为每人每月 411 元，即每人每年 4932 元，本书按照这一标准剔除了年收入少于 5000 元的样本。此外，家庭常住人口数量（用 *hs* 表示）指全年在家中居住六个月以上的人口数量，不含访客、在职军人和住校学生；家庭居民面积（用 *da* 表示）反映了取暖制热的空间大小；作为分类变量，教育水平（用 *edu* 表示）以及省份固定效应（用 *prov* 表示）以哑变量形式代入模型。以上数据均来自中国居民能源消费调查和中国综合社会调查数据库。

（4）数据描述性统计

主要变量的描述性统计见表 5－1。居民天然气消费量、天然气等能源产品价格、家庭总收入、家庭居住面积均为年度数据，由于仅采用了单个年度的时期，价格在时间上的变化反映得并不明显，无法去判定估计得到的价格弹性系数是短期价格弹性（月度变化）还是长期价格弹性（年度变化），因此本书未对得到的价格弹性系数做出短期长期的区分，而是直接应用到后续的阶梯气价模拟中。

表 5－1　数据描述性统计

变量名称	符号	单位	观测值个数	均值	标准差	最小值	最大值
居民天然气消费量	*c*	立方米/年	1035	444.82	608.21	3.04	13140.00
天然气价格	*p_ gas*	元/立方米	1035	2.55	0.66	1.00	5.93
电力价格	*p_ ele*	元/千瓦时	1035	0.54	0.05	0.42	0.70
液化石油气价格	*p_ lpg*	元/千克	1035	7.81	0.97	5.52	9.66
家庭总收入	*y*	万元/年	944	11.10	21.99	0.50	500.00
家庭常住人口数量	*hs*	人	1035	2.69	1.15	1	10
家庭居住面积	*da*	平方米	1035	87.00	47.80	5.00	600.00

5.4　实证结果分析

（1）基准回归分析

表5－2展示了模型1到模型8的实证结果。基准回归分析由模型1和模型2组成。从模型1的回归结果可以看出，将所有变量加入估计方程中得到的估计系数大多不显著，这说明变量的设置有待于进一步筛选。经过对各个变量的反复组合，本书将家庭收入、居住面积和教育水平这三个变量予以剔除，得到模型2的回归结果。在剔除掉不显著变量的影响后，各个解释变量的显著性水平明显增强。电力价格与液化石油气价格的估计系数为正，说明天然气是居民用电与液化石油气的替代品，即电价和液化石油气价格的上升会驱使居民改变能源消费结构，提升天然气的使用量。家庭常住人口数量系数在5%水平上显著为正，这是由于家庭人口数量与厨房用能、淋浴热水等天然气的消费途径紧密相关，人口数量的增加不可避免地会促进天然气消费。省份的估计系数在1%的水平上显著为负，表明北方省份的天然气消费平均而言要比南方省份少，这是由于冬季取暖时北方住户空间封闭的情况下使用燃气热水器具有安全隐患，因而北方大多使用电热水器，南方则以制热更加迅速的燃气热水器为主。需要注意的是，尽管模型2中天然气价格的系数为负，即天然气价格的上涨会引起居民天然气消费量的下降，这符合一般的价格规律，然而其估计系数并不显著异于零，这个问题会由后续的工具变量的引入而得到解决。

表 5-2　因变量为居民天然气消费量取自然对数的回归结果①

自变量	模型 1	模型 2	模型 3	模型 4	模型 5	模型 6	模型 7	模型 8
	OLS	OLS	IV	IVQR	IVQR	IVQR	IVQR	IVQR
				(q=0.1)	(q=0.25)	(q=0.5)	(q=0.75)	(q=0.9)
lnp_ gas	-0.286*	-0.212	-0.898***	-1.118**	-0.829***	-0.786***	-0.808***	-1.249***
	(-1.95)	(-1.55)	(-3.44)	(-2.21)	(-3.73)	(-3.98)	(-2.75)	(-2.94)
lnp_ ele	0.940*	0.901*	1.369***	2.793***	2.494***	1.314***	0.274	0.977
	(1.79)	(1.87)	(2.56)	(3.37)	(5.93)	(3.30)	(0.48)	(1.16)
lnp_ lpg	0.517	0.717*	1.086***	-0.853	0.449	1.288***	2.123***	1.986***
	(1.33)	(1.95)	(2.68)	(-1.19)	(1.27)	(4.13)	(4.68)	(3.05)
lny	0.0303							
	(0.71)							

① 回归系数括号中的数值表示 t 值或 z 值；“*”“**”“***”分别表示在10%、5%和1%的水平上显著；为防止虚拟变量设置过多，本书将 *edu* 中的 15 个受教育水平分为大专水平以下、大专水平及以上，将 *prov* 中的 25 个省份分为南方省份、北方省份，总共代入 2 个虚拟变量进行回归；由于异方差性（见附表 5-3），各模型均使用异方差稳健标准误估计量。

续表

自变量	模型1	模型2	模型3	模型4	模型5	模型6	模型7	模型8
lnhs	0.109	0.135**	0.159**	0.240*	0.188***	0.0761	0.132*	0.0897
	(1.36)	(1.97)	(2.31)	(1.65)	(2.99)	(1.39)	(1.70)	(0.81)
lnda	-0.0595							
	(-0.99)							
edu	0.0497							
	(0.69)							
prov	-0.413***	-0.362***	-0.288***	-0.591***	-0.272***	-0.183**	-0.300***	-0.258**
	(-4.84)	(-4.49)	(-3.28)	(-3.10)	(-3.30)	(-2.53)	(-3.07)	(-1.99)
常数项	5.414***	4.964***	5.062***	9.091***	6.439***	4.521***	2.820***	4.483***
	(4.83)	(5.33)	(5.10)	(5.61)	(7.75)	(6.03)	(2.64)	(2.95)
F值	14.14	22.37	24.60					
	(0.00)	(0.00)	(0.00)					

续表

自变量	模型 1	模型 2	模型 3	模型 4	模型 5	模型 6	模型 7	模型 8
R^2	0. 1072	0. 1019	0. 0794					
N	944	1035	1035	1035	1035	1035	1035	1035

（2）消除内生性的价格弹性

存在内生性变量的情况下（见附表5－2），普通最小二乘法的估计系数通常是有偏且不一致的，模型3展示了工具变量回归分析的实证结果。在模型3中，本书使用非居民用天然气价格作为居民天然气价格的工具变量来尽可能消除内生性的影响。

一方面，由于是对同一种能源产品进行定价，非居民用天然气价格显然是与居民天然气价格存在关联的，满足工具变量的相关性假定；另一方面，作为两种彼此隔离的能源消费市场，非居民用天然气的价格影响居民天然气消费量的途径仅可能通过居民天然气价格，而与其他变量无关，满足工具变量的外生性假定。其中，非居民天然气价格作为工具变量的相关性可以从两阶段回归的检验结果（附表5－4）中得到证实，Kleibergen－Paap rk LM 检验拒绝原假设，工具变量通过识别不足检验，进一步的 Kleibergen－Paap rk Wald F 检验拒绝原假设，工具变量通过弱识别检验，非居民天然气价格与居民天然气价格高度相关。外生性检验需在过度识别的情况下展开，本书的工具变量情况属于恰好识别，此处未从数据上对工具变量的外生性进行验证。

表5－3　不同地区居民天然气消费价格弹性估计系数概览①

作者	研究时期	研究地区	弹性系数
Maddala（1997）	1970－1990	美国	－0.381
Rehdanz（2007）	1998－2003	德国	[－0.63，－0.44]
Nilsen（2008）	1978－2002	欧洲	短期－0.154，长期－0.442
Meier and Rehdanz（2010）	1991－2005	英国	[－0.56，－0.34]
Erdogdu（2010）	1988－2005	土耳其	短期－0.078，长期－0.319

① 资料主要来自李兰兰等（2012）的综述汇总。

续表

作者	研究时期	研究地区	弹性系数
Sun & Ouyang（2016）	2013	中国	-0.7794

根据国家发展改革委调整天然气价格的文件，2014 年全国各省非居民用天然气门站价格进行过一次调整，本书将调整前后的价格以对应月份进行加权平均作为居民天然气价格的工具变量代入回归模型。经过两阶段工具变量回归，模型 3 计算结果表明天然气价格弹性系数为 -0.898，天然气价格每上升 1%，居民天然气消费会下降 0.898%。由于弹性系数绝对值小于 1，天然气对于居民而言属于缺乏弹性的能源产品。对于其他变量，电力价格每上升 1%，天然气消费上升 1.369%；液化石油气价格每上升 1%，天然气消费增加 1.086%；家庭人口每增加 1%，天然气消费上升 0.159%；北方省份比南方省份平均而言减少 28.8% 的天然气消费。上述结果与模型 1、模型 2 中变量的符号完全一致，且能源价格弹性估计系数的显著程度得到提高。经过与表 5-3 中不同地区的居民天然气价格弹性的比对，本书估计得到的价格弹性系数与以往研究的估计值较为一致。

（3）价格弹性的群体差异

除了在均值水平上研究居民天然气消费对价格变化的反应，本书还从不同能源消费水平上考察居民消费天然气的价格弹性系数的变动情况。模型 4—8 展示了在天然气消费量不同分位点上进行工具变量分位数回归的结果。在 10% 分位点上，天然气价格的系数仅在 5% 的水平上显著；随着分位点逐渐提升至 25%、50%、75% 和 90%，天然气价格的估计系数开始在 1% 的水平上显著。这种显著性水平的变化反映了不同天然气消费水平的居民对于天然气价格的反应不同，消费天然气较少的家庭通常是收入较少的家庭，其能源消费量已经缩减到维持基本生活的程度，即便天然气价格上升其消费量也难以进一步下降。而在预算约束的限制下，天然气价格下降也不会对低收入家庭产生提高能源消费的激励。为了增加回归的可靠性，本书还使用居民天然气自报价格来替换原有的价格数据做稳健性检验（附表5-5），主要解释变量的符号、显著性基本保持不变，回归结果较为稳健。

（4）居民阶梯气价模拟

基于工具变量分位数回归得到的系数，本书还对居民天然气阶梯定价政策进行了模拟。国家发展改革委已经对居民阶梯气价中关于分档气量和分档气价的具体细则做出了规定。该指导意见指出，第一档的气量（V_1）应当满足80%的居民用气需求，第二档的气量（V_2）则应覆盖95%的居民，从而能够保证居民的基本用气需求和合理用气需求。基于这个指导意见，将中国居民能源消费调查样本数据按天然气消费量大小排序，读取80%分位点和95%分位点上的消费量为分档气量初始值，同时Ramsey定价法则中的W_2设定为15%，W_3设定为5%。对于不同气量的价格，该指导意见规定第二档的天然气价格（T_2）应当同第一档的天然气价格（T_1）有着1.2倍左右的比价关系，第三档的天然气价格（T_3）的对应倍数应保持在1.5左右。由于指导意见已经对分档群体的比例做出了规定，居民按照80%和95%的分位点划分成了三组，本书对于各个群体的价格弹性估计也依据相应的分位点，对其中位数上的价格弹性做估计，即40%分位点上的弹性系数为E_1，87.5%分位点上的弹性系数为E_2，97.5%分位点上的弹性系数为E_3。

表 5 - 4　居民阶梯定价模拟中主要变量含义及设定

分档情况	变量名称	符号	设定值
第一档	居民消费覆盖比例	W_1	80%
	天然气分档定价	T_1	
	居民天然气价格弹性	E_1	-0. 318
	企业供气边际成本	MC_1	1. 45 元/立方米
第二档	居民消费覆盖比例	W_2	15%
	天然气分档定价	T_2	1. $2T_1$
	居民天然气价格弹性	E_2	-1. 206
	企业供气边际成本	MC_2	1. 74 元/立方米
第三档	居民消费覆盖比例	W_3	5%
	天然气分档定价	T_3	1. $5T_1$
	居民天然气价格弹性	E_3	-1. 144
	企业供气边际成本	MC_3	

应用 Ramsey 定价法则还需要天然气的边际成本数据，而由于天然气供应量的不同，在考虑到环境成本之后，天然气企业为高用气用户输送天然气的边际成本是高于为低用气用户供气的边际成本的。本书假定第一档用气量和第二档用气量供气的边际成本也满足 1. 2 倍的比价关系，将第一档用气量边际成本简记为 MC。本书还使用了邢文婷等（2015）的假定，将天然气企业的边际成本 MC 估计为每立方米 1. 45 元。为了保证结果的稳健性，本书同时通过设置一系列不一样的边际成本价格来模拟可能出现的分档定价情况。主要变量的含义及设定情况见表 5 - 4。

表 5-5 居民天然气消费阶梯气价设计①

		模拟情景	实际政策			
			成都	北京	上海	广州
分档气价（元/立方米）	第一档	1.83	1.89	2.28	3.00	3.45
	第二档	2.20	2.27	2.50	3.30	4.14
	第三档	2.75	2.84	3.90	4.20	5.18
分档气量（立方米/年）	第一档	0~602	0~500	0~350	0~310	0~320
	第二档	602~886	500~660	350~500	310~520	320~400
	第三档	>886	>660	>500	>520	>400

联立求解方程可以计算出居民阶梯气价制度分档气量和分档气价的详细情况（如表 5-5）。在 Ramsey 定价法则下，第一档天然气的价格为 1.83 元/立方米，第二档天然气价格为 2.20 元/立方米，第三档天然气的价格为 2.75 元/立方米，对应的各档天然气量分别为每年 0~602、602~886 以及 886 立方米以上。为了便于参考，本书同时搜集了成都、北京、上海和广州等地的气价方案作为全国代表性城市的实际阶梯气价实施情况。对于各个分档气量而言，实际阶梯气价方案中每档价格都要明显高于本书模拟阶梯气价方案中的对应价格，广州市各档气价甚至是模拟结果的两倍左右。同时，模拟情景下第二档和第三档的气量都明显超过了四个城市中实际执行的阶梯气价规定。由于模拟出的居民阶梯气价具有低定价和高气量的特点，相比于实际政策而言，通过 Ramsey 定价得到的阶梯气价是一个更加补贴居民的定价方式。

本书中的居民阶梯气价模拟有一个重要的假设，即天然气企业运营的边际成本参数 *MC* 的值为每立方米 1.45 元。然而邢文婷等（2015）只是将

① 各城市居民天然气阶梯气价的实施方案来自各市发改委价格公告。

该取值作为参考数据，并未对数值的准确性做出验证。为了更加稳健地模拟居民阶梯气价的制定，本书以每立方米 1.45 元为基础，得到不同边际成本变化率条件下的分档气价。

表 5－6 呈现的敏感性分析显示，模拟情景下的各分档气价 T_1、T_2以及 T_3与边际成本 *MC* 呈现大致相同的走势。当 *MC* 的变化率处于 1% 至 5% 时，得到的分档气价 T_1、T_2、T_3与成都市的实际定价情况高度相似。由此推断，如果成都市居民阶梯气价制定遵照的是 Ramsey 定价法则的话，可以通过现有的分档气价数据反推成都市居民天然气运营的边际成本在每立方米 1.5 元左右。

表 5－6　不同天然气边际成本下的分档气价

MC 变化率	*MC*	T_1	T_2	T_3
-50%	0.73	0.92	1.10	1.38
-30%	1.02	1.28	1.54	1.93
-20%	1.16	1.47	1.76	2.20
-10%	1.31	1.65	1.98	2.48
-5%	1.38	1.74	2.09	2.61
-1%	1.44	1.82	2.18	2.72
0%	1.45	1.83	2.20	2.75
1%	1.46	1.85	2.22	2.78
5%	1.52	1.93	2.31	2.89
10%	1.60	2.02	2.42	3.03
20%	1.74	2.20	2.64	3.30
30%	1.89	2.38	2.86	3.58
50%	2.18	2.75	3.30	4.13

5.5 小结与政策建议

居民天然气消费行为对于价格变化的反应，在中国天然气产业快速发展与阶梯气价改革广泛推行的大背景下，具有重要的讨论价值。本书在回顾天然气价格弹性测算与阶梯价格制度的文献基础上，以中国居民能源调查和中国综合社会调查数据库提供的样本为依据，从微观家庭层面出发估计了中国居民的天然气消费价格弹性，考察了影响居民天然气消费的各项因素，模拟了天然气阶梯价格。在实证研究中，本书以非居民用天然气价格作为居民天然气价格的工具变量，克服了内生性问题，修正了均值回归得到的弹性估计系数，并通过分位数回归从不同天然气消费水平出发探讨了各个消费群体对天然气价格的响应情况，得到了天然气价格弹性系数在不同消费水平上的分布。同时，本书使用 Rasmey 定价法则，结合调查数据中的原始数据与估计得到的弹性系数应用到阶梯气价政策模拟中，并将其与全国代表城市的实际阶梯气价政策进行比对。实证分析得到的主要结论如下：

(1) 居民天然气消费的价格弹性系数为 -0.898，即保持其他因素不变，天然气价格每上升 1%，居民天然气消费会下降 0.898%。弹性系数的绝对值小于 1，说明作为家庭厨房用能与淋浴热水的主要能源，天然气对居民而言属于缺乏弹性的能源产品，短期来看提升气价对抑制居民天然气消费效果较小。

(2) 电力价格与液化石油气价格的估计系数为正，且显著异于零，这两种能源产品对于天然气具有明显的替代作用。人口数量估计得到的系数显著为正，反映出人口数量的增加会拉动整个家庭的天然气消费。省份效应的系数显著为负，表明北方居民年度天然气消费少于南方居民。家庭收入、居住面积、教育水平等变量的估计系数则并不显著。

（3）在不同的天然气消费水平上，低消费水平的居民受到能源价格变化的影响更弱，而其他消费水平的居民使用天然气的量与天然气价格显著相关。对于消费天然气较少的家庭，其维持生活的基本能源消费量已经无法再缩减，同时家庭预算约束的限制使得天然气价格的下降并不会对天然气消费造成激励。

（4）基于国家发改委天然气价格指导意见，Ramsey 定价法则得到的模拟结果显示第一档天然气的价格为 1.83 元/立方米，第二档天然气的价格为 2.20 元/立方米，第三档天然气的价格为 2.75 元/立方米，天然气消费量分档临界点为每年 602 立方米与每年 886 立方米。模拟气价方案中的各档气价低于实际政策中的各档气价，同时各档气量要高于实际政策，当前的天然气价格政策仍有可以调整的空间。

无论是当前政策具体提及的阶梯气价，还是未来可能出现的围绕天然气产业的价格改革，分析天然气消费的价格弹性、量化价格调整产生的社会经济影响都是政策制定必须考虑的细节。居民天然气消费作为天然气产业中关乎社会民生的重要部分，更值得政府部门在推行改革的过程中仔细斟酌。如何在降低不必要天然气消费的同时保证居民基本的能源需求，合理划定天然气的用气量与价格水平，亟待研究者及相关政府部门加大重视。

本研究从微观家庭数据出发对我国居民天然气消费价格弹性进行了估计，并将估计结果应用于居民阶梯气价制度的设计当中。但是，由于我国幅员辽阔，不同地区的气候条件、生活习惯和经济水平等具有一定差别，因此在实际的天然气阶梯价格制定过程中需要针对不同地区进行有区别的设计。而本研究由于数据的限制，没有对不同区域的最优天然气阶梯价格进行区别模拟，因此，在后续的研究和实际政策制定过程中，有必要结合不同气源成本和更加深入的调研数据获得适用于不同地区的结果。

附表 5-1 各省份非居民用天然气最高门站价格（单位：元/立方米）

省份	发改价格〔2013〕1246 号		发改价格〔2014〕1835 号	
	存量气	增量气	存量气	增量气
新 疆	1.41	2.29	1.81	2.29
青 海	1.53	2.41	1.93	2.41
内蒙古	1.60	2.48	2.00	2.48
陕 西	1.60	2.48	2.00	2.48
甘 肃	1.69	2.57	2.09	2.57
宁 夏	1.77	2.65	2.17	2.65
海 南	1.92	2.78	2.32	2.78
重 庆	1.92	2.78	2.32	2.78
四 川	1.93	2.79	2.33	2.79
贵 州	1.97	2.85	2.37	2.85
云 南	1.97	2.85	2.37	2.85
黑龙江	2.02	2.90	2.42	2.90
吉 林	2.02	2.90	2.42	2.90
山 西	2.17	3.05	2.57	3.05
湖 北	2.22	3.10	2.62	3.10
湖 南	2.22	3.10	2.62	3.10
江 西	2.22	3.10	2.62	3.10
河 北	2.24	3.12	2.64	3.12
辽 宁	2.24	3.12	2.64	3.12
山 东	2.24	3.12	2.64	3.12

续表

省份	发改价格〔2013〕1246 号		发改价格〔2014〕1835 号	
	存量气	增量气	存量气	增量气
北　京	2.26	3.14	2.66	3.14
天　津	2.26	3.14	2.66	3.14
河　南	2.27	3.15	2.67	3.15
安　徽	2.35	3.23	2.75	3.23
江　苏	2.42	3.30	2.82	3.30
浙　江	2.43	3.31	2.83	3.31
上　海	2.44	3.32	2.84	3.32
广　西	2.57	3.15	2.69	3.15
广　东	2.74	3.32	2.86	3.32

附表 5－2　居民天然气价格内生性检验结果

Endogeneity test of endogenous regressors	12.773
Chi－sq（1）P－val	0.0004
Regressors tested	*lnp_ gas*
Instrumented	*lnp_ gas*
Included instruments	*lnp_ ele lnp_ lpg lnhs prov*
Excluded instruments	*lniv*

附表 5－3　异方差检验结果

White's	test for Ho：homoskedasticity
	against Ha：unrestricted heteroskedasticity
	chi2（19） = 27.38，Prob > chi2 = 0.0961

续表

	Source	chi2	df	p
Cameron & Trivedi's decomposition of IM – test	Heteroskedasticity	27. 38	19	0. 0961
	Skewness	12. 23	5	0. 0318
	Kurtosis	8. 57	1	0. 0034
	Total	48. 18	25	0. 0035

附表 5 – 4　非居民天然气价格工具变量识别检验结果

Underidentification test	Kleibergen – Paap rk LM statistic	118. 620
	Chi – sq （1） P – val	0. 0000
Weak identification test	Cragg – Donald Wald F statistic	517. 128
	Kleibergen – Paap rk Wald F statistic	348. 166
Hansen J statistic：	Overidentification test of all instruments	0. 000
	(equation exactly identified)	

附表 5 – 5　居民天然气价格为自报价格的稳健性检验结果①

自变量	模型 1	模型 2	模型 3	模型 4	模型 5	模型 6	模型 7	模型 8
	OLS	OLS	IV	IVQR	IVQR	IVQR	IVQR	IVQR
				(q = 0.1)	(q = 0.25)	(q = 0.5)	(q = 0.75)	(q = 0.9)
lnp_ gas	−0.0538	−0.0689	−0.922***	−0.922**	−0.797***	−0.746***	−0.805**	−1.328***
	(−0.69)	(−0.94)	(−3.45)	(−2.34)	(−3.23)	(−3.42)	(−2.43)	(−3.15)
lnp_ ele	0.907	0.974*	2.727***	4.764***	3.586***	2.325***	1.227	2.825**
	(1.60)	(1.92)	(4.04)	(4.66)	(5.41)	(3.76)	(1.35)	(2.39)
lnp_ lpg	0.217	0.403	−0.0124	−2.612***	−0.562	0.558	1.249**	0.305
	(0.60)	(1.19)	(−0.03)	(−4.85)	(−1.45)	(1.60)	(2.51)	(0.50)
lny	0.0230							
	(0.64)							

① 回归系数括号中的数值表示 *t* 值或 *z* 值；“*”“**”“***”分别表示在 10%、5% 和 1% 的水平上显著；为防止虚拟变量设置过多，本书将 *edu* 中的 15 个受教育水平分为大专水平以下、大专水平及以上，将 *prov* 中的 25 个省份分为南方省份、北方省份，总共代入 2 个虚拟变量进行回归；各模型均使用异方差稳健标准误估计量。

续表

自变量	模型 1	模型 2	模型 3	模型 4	模型 5	模型 6	模型 7	模型 8
lnhs	0. 0801	0. 126*	0. 132*	0. 161	0. 201***	0. 060	0. 153*	0. 079
	(1. 03)	(1. 88)	(1. 90)	(1. 37)	(2. 92)	(0. 98)	(1. 70)	(0. 68)
lnda	-0. 0343							
	(-0. 58)							
edu	0. 0166							
	(0. 23)							
prov	-0. 442***	-0. 382***	-0. 194*	-0. 537***	-0. 227**	-0. 094	-0. 251**	-0. 153
	(-5. 13)	(-4. 78)	(-1. 89)	(-3. 13)	(-2. 20)	(-1. 03)	(-1. 98)	(-1. 00)
常数项	5. 790***	5. 570***	8. 411***	14. 057***	9. 322***	6. 781***	5. 384***	9. 472***
	(5. 13)	(6. 01)	(7. 03)	(7. 86)	(7. 60)	(6. 06)	(3. 36)	(4. 76)
F 值	13. 38	21. 58	22. 33					
	(0. 00)	(0. 00)	(0. 00)					

续表

自变量	模型 1	模型 2	模型 3	模型 4	模型 5	模型 6	模型 7	模型 8
R^2	0. 1044	0. 1009	0. 0022					
N	924	1013	1013	1013	1013	1013	1013	1013

第六章

中国天然气市场化改革已有成果、现存问题与政策建议

近年来，我国天然气价格市场化改革进程加快，修改了定价机制，建立并逐步完善了监管框架，一定程度上理顺了非居民用气价格，并开始对居民用气价格进行调整。天然气市场化改革的最终目标是通过市场定价机制来提高天然气行业的市场效率，具体的手段是放开天然气出厂和销售价格，通过竞争形成具有效率的市场价格，政府只对具有自然垄断性质的天然气管道运输业务进行监管。在进一步深化改革的过程中，必须意识到天然气价格改革和天然气产业链的结构改革是相辅相成的，深入的价格改革还需要相应的产业链结构改革来支撑。此外，由于天然气产业中不同环节的产业结构差异，未来的价格改革在不同产业环节的最终目标和实现途径都会有所差别。

为了更好地对我国推进天然气价格市场化改革所设计的不同利益攸关方的诉求进行了解，2017 年 2 月至 3 月，本书编写课题组成员随同国家某部门相关人员分赴我国多个省市进行实地调研。地方调研参与者包括地方发改委、物价局的相关人员，天然气上游供应企业、中游输配企业、下游零售企业及终端用气企业。主要调研内容包括：当地天然气市场供应和销售情况，门站价格情况，当地天然气市场价格形成、执行情况，输配价格

核算监管情况，城市燃气延伸服务收费情况和当地储气设施建设，等等。因此结合相关调研情况本章针对我国天然气产业已经取得的成果、当前面临的问题和天然气产业不同环节未来改革潜在的方向等进行了介绍。

6.1 近期市场化改革成果

（1）价格管理方式改变

我国在2011年以前采取的是成本加成的传统价格管理，成本加成定价在天然气的初期发展阶段主要用于培育市场，促进天然气消费，而我国目前已经步入天然气快速增长阶段，成本加成定价无法反映市场供需，所以在2011年12月试点市场净回值定价法，2013年推向全国，将天然气价格与石油等替代能源挂钩。在试点地区，天然气门站价格将通过三个步骤来确定：首先选取中心市场作为计价基准点；然后以替代能源（如进口燃料油和液化石油气）市场价格加权计算可替代能源价格并通过折价系数计算中心市场门站价格；最后以中心市场门站价格为基础计算各地门站价格。

（2）简化价格管理形式

我国天然气价的组成1984年被定为井口气价、净化费和管输费，1992年开始实行分类气价，分为工业用气、化肥用气、商业用气和居民用气等四大类。2002年的时候将井口气价和净化费合并为出厂气价。2013年开始推行门站价格管理。天然气用户类别方面也通过不断调整简化到了非居民、直供和居民三类，原有的四类甚至六类用户分类法得到了简化。

（3）价格管制放松

参考毛家义（2015），我国天然气价格管制可以分成三个阶段：1982

年以前，1982 年到 2005 年，2005 年至今。1982 年以前政府定价，后来经历了一段政府定价和市场定价并行的定价双轨制时期。在 2005 年，天然气出厂价统一改为政府指导价，实行双轨制下的政府指导价。自此天然气定价进入政府指导价时期。2010 年取消双轨制。2013 年天然气价格改为门站价格，实行政府指导价。2015 年 4 月，增量气和存量气并轨的同时，非居民直供用气门站价格放开，开始试点。2016 年全面放开化肥用气价格。至此，国内仅剩城市燃气和省天然气公司（俗称省网）供应的 30% 非居民气量，以及 17% 的居民气量价格未完全放开。也就是说，已有超过 50% 的天然气价格完全市场化，有 30% 的天然气实行“基准价 + 浮动幅度”管理，只有不到 20% 的天然气实行严格价格管理。

（4）理顺非居民用气价格

中国的天然气价格主要是围绕非居民用气展开的，在 2002 年到 2015 年间天然气出厂价调整了 7 次。为了使国内气价和国际气价接轨，2013 年拟定了三步走战略。先是提高了存量气的门站价格，将增量气价格与国际接轨。再是放开了进口天然气的出厂价格。最终，在 2015 年 4 月实现了增量气与存量气的并轨，完成了“三步走”战略。逐步理顺了非居民用气价格，实现了非居民用气与市场的接轨（胡奥林与董清，2015）。

（5）调整了居民用气价格

我国的天然气改革的推进方式是先非居民后居民，目前我国的非居民用气已经理顺，开始松动我国居民用气的坚冰。2014 年国家发改委印发《关于建立健全居民生活用气阶梯价格制度的指导意见》建立了居民用气的阶梯累进计价体系。根据该文件，居民用气量按照不同用气需求分为三档，第一档用气量按覆盖区域内 80% 居民家庭用户的月均用气量确定。因此尽管二、三档气的气价较高，避免了超出基本用气需求的用户占用过多交叉补贴的问题，但由于这部分用户只占全部用户数的20%，价格指引的作用仍不明显。未来，一档用气量中涉及的80%的用户，其气价也应朝着逐步取消交叉补贴、回归合理价格的方向改革。

（6）降低了居民用气和非居民用气价格倒挂幅度

非居民用气最高门站价格自2015年11月20日起每千立方米降低700元（0.7元/方）。这一举措降低了居民用气和非居民用气价格之差，约为0.3元/方，之前差约1.03元/方。虽然居民和非居民天然气价格倒挂现象仍未消除，但其差距的缩小为下一步理顺居民天然气价格提供了有利的条件。

（7）建立了基本监管框架

2016年8月31日的《关于加强地方天然气输配价格监管降低企业用气成本的通知》，首先是对国务院印发的《降低实体经济企业成本工作方案》的直接回应，关键词是降成本。更重要的是，以降价为抓手，将天然气价格改革引向下游管输和城市燃气环节。2016年10月9日的《天然气管道运输价格管理办法（试行）》《天然气管道运输定价成本监管办法（试行）》，则是针对跨省长输官网，明确了这类管道运输价格的定价方法和监管方式。2017年6月发布的《关于加强配气价格监管的指导意见》，则参照长输管网的做法，明确了配气环节的成本监审和定价方法。至此，"管住中间"部分进入收尾阶段，天然气价格市场化改革的基本监管框架建立完毕。

6.2 现阶段存在的问题

虽然我国天然气市场在过去的改革中获得了一系列的成果，但当前在产业链的各个环节仍然存在不同程度的问题。

(1) 上游勘探生产高度集中，勘探投入严重不足

全国已经登记的油气探矿权及采矿权高度集中，几乎由三大石油公司垄断。这种垄断是由于多种原因导致的。首先是我国70%以上的天然气资源都集中在传统油气田区这一自然资源特征所导致的。其次是法律限制和行政垄断导致的结果，根据《中华人民共和国矿产资源法》和《矿产资源勘查、开采区块登记管理办法》的规定，申请勘查、开采石油天然气需要经过国务院的批准或者同意，虽然非常规天然气勘查开采已经对其他类型的企业开放，事实上主要的矿权依旧在三大石油公司的手中。最后，由于天然气开采方面存在较明显的技术壁垒，国内顶尖的技术人员和技术都集中在三大石油公司手中，使得其他企业难以进行相关的勘探开采。这些原因导致我国国内天然气勘探和开采几乎全部由中石油、中石化和中海油进行的。

虽然上游的探矿权和大型油气田都集中在三大石油企业手中，与之形成反差的，却是勘探投入严重不足。进入低油价周期后，以资源开发为主的上游公司纷纷进入资本紧缩状态，三大石油公司的上游勘探投入也有所降低。事实上，在低油价周期到来之前，三大油公司手握矿权“圈而不采”的情况也一直存在。根据《矿产资源勘查区块登记管理办法》，探矿权人自领取勘查许可证之日起应当完成不低于第一年2000元/平方公里、第二年5000元/平方公里、第三年10000元/平方公里的勘查投入。该文件颁布于1998年，10000元/平方公里的最低投入要求，相对于今天中国的经济发展水平和物价水平来说是较低的，即便如此，三大石油公司依然存在勘探投入不足的问题。国土资源部发起的两轮页岩气探矿权招标，正是试图在非三桶油矿权的区域引入新的参与者来撬动改革，只是两轮招标后

的实际勘探投入情况不佳。以第二轮招标为例，16 家企业中标的 19 个区块的承诺投入均未能完成，原定的考核延期一年。此外，中石化和河南煤层气作为第一轮招标的两个中标者，最终因为没有完成承诺的勘查投入，导致需要分别缴纳违约金以及被核减了勘查区块面积①。

（2）长输管网设施利用仍存壁垒

过去我国天然气行业上游垄断严重的一个重要的原因，是没有实现网运分开，通常是上游开采企业负责修建管道，再把天然气输送到省门站，由下游天然气分销商进行市场销售。由于我国天然气资源离消费中心很远，天然气管道的建设特别是长距离主干管道的建设通常需要很大的投资，这通常是中小企业难以承担的。也正因为如此，西气东输管线的建设，不仅是中石油的重要工程，事实上也是国家工程。由于上游企业数量较少，天然气管道属于自然垄断，天然气的生产与输送捆绑，事实上阻碍了上游企业的竞争。

2014 年，国家发改委和国家能源局颁布了《天然气基础设施建设运营管理办法》和《油气管网设施公平开放监管办法》，但是这两个文件只是让天然气管网设施建设从“独家经营”变成了“协商准入”，并没有真正使我国天然气行业实现网运分开，所以天然气基础设施的建设和利用壁垒，依旧是天然气上游公平开放的阻碍。

（3）省网造成区域垄断和利用率不足

天然气省网的存在，问题比较复杂。事实上，省网面临的问题是多个问题的结合。省网的建成，对省内实行统一的输配气价格，实际上是一种交叉补贴行为，让富裕地区补贴落后地区，实现全省能源使用水平的提升。中石油、中石化不但拥有大量的天然气长输管道，并在许多省份已经

① 见网络报道 http：//www.ceh.com.cn/xwpd/2014/11/780558.shtml。

拥有实质性的“半个省网”。由于天然气属于相对高价的能源，出于经济性考虑，中石油、中石化并没有动力将管道通往相对落后、消纳能力不足的地区，因此中石油、中石化的“半个省网”往往在相对富饶的地区建设较多的管道设施。而相对落后的地区，并没有相应的管道天然气输送设施。省管网公司多在本省政府的指导下建立，以省内均等化发展为依据，采用统购统销的模式，通过新建管网实现发展。不过，浙江省网的干线建设工期一再拖后，近期甬台温线的投产才终于扭转了这一状况，而作为天然气门站价格试点的福建，其省网公司在成立后则一公里的管道也未建成。与两桶油类似，省网的管道建设也难以避免逐利性，即在已有管道覆盖的经济发达区域增建管道。

很多省网公司存在利用率不高、持续亏损的情况。以广东省网公司为例，该公司主要采取代输模式，每年输天然气 57 亿方，其中 21 亿方来自西二线，代输费采取同网同价的方式，按照 0.26 元/方和 0.25 元/方（电厂）计价，目前企业连年亏损，年负荷率不到设计标准的 20%。根据国家发改委测算，在 35% ~40% 的负荷率下，省网才能实现盈亏平衡。此外，省级管网的项目周期可能长达几十年，因此设计时往往会考虑一个较长周期，将管网按照高于当期的需求容量来建设。因此在建成初期，由于管网利用率低，以及巨额的财务成本，公司很难实现盈利。但是，如果未来管网利用率提高，那么盈利的空间将会加大。

当然，目前省级管网亏损的另一个重要原因，是中石油和中石化已经建成的网络设施，足以直接给用气量较大的发达地区供气，省网公司难以生存。事实上，很多省网本身就存在重复建设情况。此外，由于省网公司成为本省的独买独卖者，实际上就意味着形成了一个行业的地区垄断者，不利于实现市场效率。

（4）城市燃气公司成为问题汇聚中心

很长一段时间以来，我国的城市燃气服务都被当作一种公益性事业，通过国有企业进行垄断经营的方式进行运营。城市燃气作为城市的基础设施和公共服务，在2003年之前一直由政府投资建设、财政补贴运营。且国内大多数城市都通过设立公用事业局或类似政府机构来对城市燃气等公用事业单位进行管理。因此，政府集所有者、经营者和规制者于一身：既是城市燃气资产的所有者，又是供气业务的垄断经营者，同时还是相关政策的制定者和监督执行者（沈江波，2006）。这种传统的行业管理模式曾经为推动天然气消费增长起到了积极的作用，地方政府利用财政资源为城市燃气投入大量资源，推动了燃气的快速发展和普及，同时实行了严格的管理。这些措施在市场发展初期保证城市天然气的供应，但随着中国经济体制的改革，这种传统的监管体制模式的很多弊端也越发明显：1. 长期依赖政府投资，政府财政补贴沉重，同时受地方政府财力限制，城市燃气公司无力继续向周边扩展，供需矛盾突出；2. 由于不具有市场主体地位，城市燃气企业缺乏业务自主权和经营积极性；3. 作为垄断经营者，企业缺乏外部竞争压力，导致社会资源分配的低效率；4. 服务质量差，难以回应公众多元化需求。这些弊端的存在使得城市燃气领域经济效益不足、资源浪费严重、政府财政负担沉重以及产业发展滞后（沈江波，2006）。

我国自20世纪90年代开始对城市燃气等公用事业进行了一系列的改革，同时，随着我国天然气市场已经蓬勃发展，城市燃气逐渐向市场化过渡转型。2003年以后，在我国的城市燃气供应领域逐渐出现了一些民营燃气集团、大型央企的燃气板块以及混合所有制的燃气集团等，对传统的地方政府主导的城市燃气格局造成了一定的影响，有利于解决我国城市燃气领域当前面对的一些问题。但受制于当前天然气产业组织结构和市场结构，城市燃气作为天然气的终端服务提供商，各种全产业深层次的体制矛盾汇集于此，市场化发展进程受阻。具体体现在以下几个方面：

（a）终端市场的天然气价格机制不健全

首先，我国天然气定价主要采取行政定价方式，城市燃气的价格话语权较弱。城市燃气公司作为终端配气方，是向工商业用户、城镇居民提供燃气服务，理应根据供需关系自主形成价格。但是在长期以来，天然气上游价格有门站价格的限制，终端价格主要由地方物价局拟定，同时在天然气发展初期，受政府鼓励消费政策的影响，天然气的销售价格定价较低，并未考虑使用天然气的消费带来的环境与社会外部性。而城市燃气公司只是作为上下游价格的执行者而存在，脱离了市场主体地位。根据调研情况显示，由于各地实际情况不同，各省市对终端销售的加价从几毛到 1 元不等，通常情况下相邻的省份定价相似，然而距气源的远近、管道铺设的难易程度、人口的密集程度不尽相同，这也导致各地的供气成本有差异，而城市燃气公司这一主体只是作为价格接受者，无法根据自身经营的实际情况来确定价格与服务，盈亏差异较大。以甘肃为例，受到本省用气企业减产的影响，2016 年甘肃省内有三家燃气公司均出现亏损，而在销售端定价差异不大的情况下，宁夏回族自治区内的城市燃气公司则盈利逾 4 亿元。

（b）价格传导机制不顺畅

首先，定价机制不灵活。城市燃气销售价格一般由地方政府制定，居民燃气价格调整需要通过听证会充分论证，而历次价格调整大都只考虑了上游价格上涨部分，忽视了燃气企业劳动力和融资成本上升的影响，也没有考虑合理供销差率的影响。这导致下游价格的调整滞后于上游价格变动。此外，天然气消费量具有非常明显的冬春季需求量大而夏秋季少的季节性特征。例如北京冬季最高用气量与夏季最低用气量之比可以达到 13:

1；而兰州的冬季用气占到全年用气的74.4%，其中供暖就占到50%，最大峰谷差为7∶1。但在淡旺季中，受地方政府政策限制，天然气的供气价格基本保持稳定，价格的季节性波动不能顺利向终端用户传导。2016年年底，中石油宣布自2016年11月20日至2017年3月15日将非居民用气价格上调10%～15%，希望通过价格杠杆来平衡冬季高峰期的供需关系，缓解保供的压力（周淑慧，2017）。但在实际操作过程中，冬季采暖用气为刚性需求，并不会因为价格上涨而大幅减少。尽管安徽、宁夏、山东、江西等省区的物价部门都下发文件上浮销售价格，允许燃气公司将价格传导给非居民用户，但考虑到区域GDP增长的需要，也有部分省市要求城市燃气公司让利给省内工业企业，给予相应的折扣，由燃气公司部分承担或全部承担上浮成本。

（c）交叉补贴严重

居民用气和工业用气价格倒挂。长期以来，天然气作为公共事业服务的一部分，向居民提供廉价的天然气被作为一种福利。与电价和水价相似，我国天然气价格也是工商业用气价格高于居民用气价格，而向居民提供天然气配送服务的成本往往更高，即存在价格倒挂。根据重庆燃气的核算，2016年重庆市综合输配成本为0.517元/立方米，沙坪坝地区居民配气成本为0.754元/平方米，而重庆燃气向居民配气的购销价差仅为0.443元，也就意味着每向居民输送1立方米天然气，重庆燃气需补贴0.074元。虽然居民阶梯气价政策已经出台，但由于低价的第一档用气覆盖用气量大及覆盖居民范围广（80%～90%的居民用户年用气量在第一阶梯范围内），因此难以实现价格并轨，交叉补贴仍将长期存在。此外，在门站价格设定时，工商业用户和居民用户的定价就已存在差异，这就导致燃气公司尽可能多购买居民气，再高价卖给工商业用户牟利。

（d）面对上游供应者缺乏议价能力

这主要体现在两方面：一方面是气源单一，燃气公司缺乏议价能力。从天然气供应方面看，全国天然气消费总量的99%由中国石油、中国石化、中国海油三大石油公司供应，其中中国石油供应了近70%。此外，大部分跨省长输管道都是由中石油或中石化集团出资建立，如中石油集团的西部管道公司，尽管挂了输配公司的牌子，实际仍是归中石油所有。这就意味着在天然气的产业链条的上游和中游，无论是本国的生产的天然气还是从中亚或俄罗斯长途输送过来的天然气，都是仅有1~2个供应商，绝大部分是只有中石油供应。而作为下游的燃气公司大部分各自为营，每个省市均有自己的燃气集团。尤其是在市场化改革启动之后，允许其他资本进入，中石油、中石化、华润等大型集团企业都相继成立了燃气公司，跨区域经营。在天然气供给紧缺的情况下，这种“卖家少买家多”的局面，造成燃气公司在与上游天然气生产企业进行价格谈判时处于弱势地位，基本不具有议价能力。在上游企业谋求涨价时，燃气公司只能依靠行政协调或其他途径解决。

表6-1　我国直辖市与省会城市主要燃气公司一览表

序号	城市	地方燃气企业为主	序号	城市	跨区燃气企业为主
1	北京	北京燃气	17	石家庄	新奥燃气
2	上海	上海燃气	18	济南	港华燃气、华润燃气
3	天津	津燃华润	19	南京	港华燃气、华润燃气、中国燃气
4	重庆	重庆燃气	20	郑州	华润燃气
5	广州	广州燃气	21	武汉	港华燃气、华润燃气、中国燃气
6	沈阳	沈阳燃气	22	长沙	新奥燃气
7	太原	太原燃气	23	福州	华润燃气
8	杭州	杭州天然气	24	南宁	中国燃气

续表

序号	城市	地方燃气企业为主	序号	城市	跨区燃气企业为主
9	合肥	合肥燃气	25	呼和浩特	中国燃气
10	南昌	南昌燃气	26	西安	中华燃气
11	海口	民生燃气	27	哈尔滨	昆仑燃气
12	贵州	贵州燃气	28	昆明	昆仑燃气
13	银川	哈纳斯	29	兰州	昆仑燃气
14	乌鲁木齐	新疆燃气	30	西宁	中油中泰
15	长春	长春燃气	31	拉沙	昆仑燃气
16	成都	成都燃气			

（e）上游企业直供导致利润分流

上游天然气生产企业存在“撇奶油”行为。随着油气体制改革的深化，点供和直供成为天然气市场化的重点之一。气源企业得以绕过燃气公司单独与企业用气大户签订协议，开辟供气专线，而这些企业大用户往往是天然气销售端利润最丰厚的部分，直供气的出现削弱了地方城市燃气公司的盈利能力，使得燃气公司内部的交叉补贴无以为继。以川渝地区为例，凯源燃气作为中石油的子公司98%的天然气来自中石油西南油气田，凯源燃气的主要供气区域包括17个国家和市级产业、工业园区，相当于间接实现了中石油对这些大型天然气企业用户的直供。重庆燃气和成都燃气则主要承担了对市区内高成本的居民供气业务。

（f）运营管理效率低

城市燃气作为终端燃气服务供应商，其面对的是居民和工商业用户。而在这个市场中，城市燃气集团处于垄断地位，相比工业用户，商业用户和居民无法自主进行选择。而对城市燃气而言，向居民供气是其普遍服务职能的一部分，城市管网复杂，漏损风险大、配送成本高，因此，城市燃气企业往往不愿意在服务改进方面增加过多投入，部分燃气公司甚至不愿向郊区扩展业务、提供服务，居民用气得不到保障。对于中小型工业用户，在没步入直供气门槛时，其服务提供商也只有城市燃气公司，在上游涨价时，燃气公司可能会以断气来要挟，将涨价部分强行全额转嫁甚至超额转嫁给工业用户。此外，在用气高峰期，部分企业被迫成为调峰工具。以甘肃为例，在供暖季到来后，甘肃境内的化肥企业被要求断气停工，其他一些企业，如兰州卷烟厂等，也被要求从燃气锅炉切换到燃煤锅炉或电锅炉，以保障供暖用气。这些企业通常难以得到合理的补偿，在一定程度上增加了企业的运营成本。

（g）新燃气公司进入无法获得公平竞争机会

2002 年开始实行的城市公用事业改革，虽然在市场准入环节引进了竞争，但新的燃气公司进入市场却难以获得公平竞争机会。在部分省市，新的燃气公司进入市场后，已存的燃气企业为了维护自身的垄断利益往往拒绝开放供气管道。新的燃气企业出于自身发展的考虑只能在原有的城市管道框架下继续深挖，进行新的管网建设。这种恶性竞争带来的重复建设不仅是资本、资源的极大浪费，对城市地质构造和正常运转也带来一定的风险。此外，还有地区存在的多个燃气公司实力差距明显，为了各自的利益，就通过层层分销的方式，层层加价，从燃气终端销售上分一杯羹。以云南省为例，中石油下属的昆仑燃气在云南省一家独大，稍晚进入的华润燃气和新奥燃气则实力较弱。在此背景之下，昆仑燃气将省内管网开放给华润燃气，华润燃气再将天然气卖给新奥燃气，新奥燃气最终将天然气输送给千家万户。于是在一套管网的条件下，形成了昆仑燃气、华润燃气、新奥燃气的三成加价，受损的是终端消费者。

（h）保供能力不足

我国城市燃气公司通常存在气源单一、储气设施不足的问题，使得天然气供应安全得不到有效保障。尽管当前我国天然气来源呈现出多样化趋势，但细分起来，除了国产气源外，我国天然气主要是来自亚太、中东地区的海运 LNG 及中亚、远东地区管道天然气两部分（殷建平与周军军，2010），而且在实际输配中，海运 LNG 主要是供应东南沿海各省份，内陆省份的气源还是以管道气为主。在储气方面，我国的燃气行业过去往往通过“跑马圈地”的方式来占有市场，很多城市的燃气企业并没有能力用储气、补充气源和调节用户等方式来应对可能出现的突发状况（刘勇等，2014）。

根据我国《天然气基础设施建设与运营管理条例》的相关规定，“县级以上地方人民政府应当建立健全燃气应急储备制度，组织编制燃气应急预案，采取综合措施提高燃气应急保障能力，至少形成不低于保障本行政区域平均 3 天需求量的应急储气能力”。按照 2015 年我国城市燃气企业超过 1000 亿立方米的天然气消费量计算，天然气应急储气能力最低要应当达到 8.4 亿立方米。但是《2015 年中国城乡建设统计年鉴》的数据显示，2015 年中国天然气应急储气能力仅不足 6.5 亿立方米，并未达到最低标准（刘勇等，2016）。

（i）入网初装费存在争议

天然气入户收取高昂初装费的事件已经屡见不鲜。对于居民的天然气入网费，根据主要物权法律规定，主要是小区红线之内的设施费用。针对居民的这部分费用，通常都由当地政府核定价格，一般在 2000 ~ 3000 元之间，例如武汉为 2300 元，福州为 3100 元。而对于工商业用户，这一价格非常之高，通常在几十万到上百万不等。在调研中，据悉武安市一所餐馆天然气入网费高达40万元，一所学校食堂的入网费设置高达80万元。初装费问题上，存在严重的垄断定价。

在调研中发现，城市燃气公司的盈利十分依赖初装费，大多数城市燃气公司的高层管理人员承认，初装费占到每年公司利润的一半左右。因此城市燃气公司必然十分重视初装费的定价，获取最大的利润。即使对于接受政府严格监管的居民初装费，也存在十分严重的垄断定价行为。在政府对城市燃气公司的监管过程中，城市燃气公司拥有绝对的信息优势，对于真实的成本、合理的安全标准，长期经营该业务的城市燃气公司要比政府、消费者都更加了解。

从经济学的角度来看，通过有效的市场竞争形成的价格才是合理的价格，如果燃气设施安装可以允许用户自行雇佣社会单位进行安装，那么将通过市场竞争形成较为透明、合理化的价格。而城市燃气公司往往以与本公司燃气设施工程标准不匹配、安全性不足为理由不允许社会单位进行施工，将这块“肥肉”紧紧地咬住，导致用户只能接受城市燃气公司的高价格。

针对初装费乱收费、收费高的问题，深圳市通过引入市场竞争的方式很好地解决了这一问题。深圳市的城市燃气公司，自己并不承担管网的入户安装工作，入户安装的费用、施工都由用户自己承担。深圳市共有50家公司拥有天然气设施安装资质，进行市场竞争，形成合理的价格，而用户可以根据自身情况自己选择市场上的一家为自己安装。城市燃气公司针对材料、施工、安全性制定统一的一套标准，并且由自己负责所有天然气入网安装工程中的工程监理部分。这样，深圳市的天然气入网工程中，既解决了安全性、统一标准的问题，也解决了城市燃气公司一家独大，乱收费、收费高的问题。

（5）用户侧面对替代能源竞争及稳定供应风险

（a）天然气价格与替代能源相比缺乏优势

相比石油制品和煤炭，天然气是一种相对清洁、低污染的能源品。然而在中国，环境保护力度的不足，在经济政策中对环境外部性的惩罚不足，导致天然气的清洁性不能反映在价格上，这也抑制了许多以天然气为主要能源的企业发展。

以兰州热力总公司为例，其能源成本占到企业总成本的20%以上。该公司年总用气量达到1300多万方。公司最大的供热站供热范围达到55万平方米，2015—2016年供暖期间，该站用气621.5万方，天然气费用共计1208多万元，而城市燃气公司实际用气收费达到1300多万元，算上人员工资和设备折旧，该供热站一年亏损达到200万元以上。再看化肥行业，全国大部分化肥企业都属于亏损状态，全国平均开工率为63%，少部分基于煤炭的化肥企业略有赢余。对于发电行业，这一问题更是明显。煤炭发电机组比起天然气机组的发电成本要小得多，相比之下天然气发电机组根本没有优势，但是煤炭发电机组带来的污染也更加严重，而污染带来的外部性损害当前却没有办法反映在成本中。因此，我国当前天然气机组主要用于调峰调频，并需要比煤电机组更高的上网电价来保证其经济性。

（b）天然气供应稳定性

天然气消费本就存在着明显的季节性，冬季天然气使用量远高于夏季。再加上“煤改气”工程的进行，冬季天然气保供压力巨大。兰州卷烟厂是兰州当地的纳税大户，每年上缴财政110多亿元。卷烟厂利用天然气烧热水生产蒸汽，供卷烟加工使用，在2016年由于税点上浮以及国家的控烟政策，第一次出现了负增长。对于兰州卷烟厂，年消耗天然气量在800万方左右，天然气成本占到其能源成本的61.5%，而能源成本本身只占总成本的1%，对生产影响并不大。但是由于没有替代能源设备，一旦天然气供应停止，工厂将面临停工问题，带来的损失将十分巨大。对于一些企业而言，天然气不仅是用于燃烧供热，例如福清玻璃厂，虽然天然气只占生产成本10%（燃料动力共占50%），但是燃烧天然气的环节属于工艺流程的一部分，具有不可替代性。由于缺乏储气设施，同时大城市冬季日消费量过大，各大城市普遍不具有应急保供能力。广州、深圳、福州等南方城市，居民生活用气的应急能力普遍仅有3天左右，工商业用户基本没有应急保供能力。

6.3 未来改革建议

（1）气源价格

我国天然气上游市场价格改革的最终目标是实现完全市场定价。为了达成上述最终目标，我国上游天然气市场需要在供应侧增加竞争并在需求侧理顺价格传导能力。然而，考虑到当前我国上游天然气市场供应结构较为集中以及终端居民天然气销售价格难以简单放开的现实，政府的市场监管以及局部指导定价将在中短期内成为维持天然气价格体系稳定的重要手段。我们建议区别非居民用气和居民用气对上游天然气市场定价机制进行如下改革。

在非居民用气部分，建议供需双方在上海、重庆等全国性油气交易中心竞争性交易形成标杆价格后，取消现行的门站价格。取消门站价格实现市场交易的好处是允许供需双方根据市场状况自发形成有效率的市场价格，同时可以减少政府相关部门制定和调整门站价格的工作量以及由此可能对市场带来的扭曲。由于我国当前上游天然气供应市场结构较为集中，在全国性交易平台进行交易便于相关监管部门对交易信息进行实时监督，对潜在的影响市场公平的行为进行快速识别和干预。

在居民用气部分，由于终端居民天然气用气价格在中短期内还将难以市场化，因此这部分用气的上游采购价格难以通过市场自发向下传导，因此建议通过终端居民用气价格扣除输气成本、配气成本及合理利润的方式倒推气源价格。当然，在当前居民用气成本远高于居民用气价格的现状下，这种倒推的气源价格必然导致居民用气供应者承受亏损。在目前的天然气价格体制中，燃气公司通常在非居民供气部分获得超额利润来对其居民供气业务进行补贴，也就是所谓的“交叉补贴”。然而，在未来对非居民天然气价格机制进行改革的过程中，无论是上游气源交易还是下游供气销售都将实现市场化，因此通过非居民供气业务获得超额利润来进行“交叉补贴”将无法实现，因此管制居民用气气源价格带来的市场扭曲只能通过以下两种方式疏导：一是由政府直接对市场化天然气价格和倒推价格之间的差价进行补贴；二是强制国有企业按照倒推价格提供气源，这将造成企业相关业务亏损，这部分亏损理应受到政府补贴。由上可见，在非居民用气部分实现市场化定价而居民用气受政府管制压低价格的价格体制内，低价的居民用气必然需要政府补贴来支撑，而随着居民用气量的增加，除非出现天然气市场价格的大幅下降，否则政府补贴所带来的财政负担将会越来越重，从而倒逼居民用气价格的改革。

（2）管输价格

我们认为天然气管输费的改革应当遵从以下两条原则：（1）由于天然气管道运输业务属于自然垄断业务，因此应当在政府严格监管下通过成本监审定价并向第三方开放输气服务；（2）考虑到天然气管道运输过程中对容量和实际运输量的需求不同，适合建立两部制价格分别回收管道固定成本和可变成本。

自2016年10月《天然气管道运输价格管理办法（试行）》和《天然气管道运输定价成本监管办法（试行）》正式出台后，目前管输费的监审工作已下发至各地方发改委，接下来要根据我国天然气市场改革的整体布局来设计管输费，而监管能力的建设在后续政策制定和执行过程中也显得尤为重要。

从成本回收角度看，国际上通常采取两部制，即由容量费（capacity charge）和商品费（commodity charge）组成。容量费的收取基于用户对管输容量的合同需求，而与用户是否实际使用无关，用于回收固定成本，通常在管输费中占大头；商品费的收取则基于用户的实际输气量，输送气量越大，商品费越高，用于回收可变成本。

美国和英国的费率都由以上两部分组成，但由于市场模式不同，美国的费率采用的是“点到点”法（point - to - point），而英国则采用“入口/出口”法（Entry - Exit）。“点到点”法是根据合同中规定的输送路径确定不同管输价格的方法，适合管道距离长、天然气流向确定的管网系统；美国的管输费事实上是在传统的“点到点”法上有所修正，即同一地理区域费率相同，这个方法通常又被称作邮票法（postage stamp）。

“点到点”或是邮票法都是基于距离的费率计算方法，第一步都要先将成本分为与距离相关和无关的两部分。与距离无关的部分如管道公司的管理费用等将根据输气量平均分摊。对于和距离相关的部分，“点到点”法直接将成本根据管道长度平均分配；对于邮票法，由于一个区域内的所有用户费率相同，因此需要将成本按一定标准平均分摊给每个区域，美国目前根据各地区输气量和管道长度的乘积来分配成本。邮票法虽然简化了路径选择的麻烦，但也造成了价格信号的扭曲，因此区域大小的选择应该适中，美国通常以几百英里为一个区域，且包含至少一个市场中心。

“入口/出口”法是基于“虚拟平衡点”的交易模式，适合于纵横交错的管网布局，通过在天然气整体供气网络上，设定多个注入和提取点，根据边际成本计算得到每个点的费率。按照这个原理，在既定区域内，每个出口和入口都已规定了固定费用，在购气过程中，各付一次入口和出口路费，与中间通过的路径无关。“入口/出口”法需要天然气市场有统一的管道运营商，而且对于管道所有者和运营商有不同的费率设计，同时，每个注入和提取点的费率又根据固定和可变成本，分为容量费和商品费。此外，容量费是基于长期边际成本而计算得到的，即注入点增加单位气量所增加的长期成本，商品费则根据短期边际成本。

针对不同管输定价的适用范围，我国可以考虑对于主干网，基于管网跨度大的特点应选择以路径计算的“点对点”法，同时在试点先行和全国串联的思路下，采用简化的邮票法，即对每个试点区域费率相同，这就既能保证区域改革试点的推进，又能为将来全国市场和区域市场有效衔接做铺垫。

而在省级试点区内部，由于先期都会选取管网较为发达、市场较为成熟的地区，因此在纵横交错的管网结构下，宜采用“入口/出口”法，来收取省内及地方燃气企业的管输费，要求区域内形成统一管道运营商，并部分简化费率的计算方式。

在试点地区根据“入口/出口”法设计管输费的基础上，可参考英国虚拟平衡点的模式，设计如 UNC（Uniform Network Code）的管网运行规则，建立试点区域内的区域市场。之后，在连接形成全国市场的过程中，又可在邮票法费率设计的基础上，参考美国天然气市场的演变过程，培养全国定价中心。当时的美国，正是 FERC 结合区位优势，推动 Henry Hub 作为主要交易中心，并推动纽约商品交易所（NYMEX）发行 Henry Hub 天然气期货，全国三十多个交易中心逐渐聚焦，最终形成了以 Henry Hub 为主要交易中心的格局。

（3）配气价格

居民用气成本和非居民用气成本差异的最主要来源就是配气成本的差异，随着我国天然气普及推广程度的加大，未来我国天然气配气基础设施的需求也将快速增加。当前，我国天然气配气设施的成本作为城市燃气公司运营成本的一部分，主要通过两个方式回收：①对于入户管道安装成本部分，通常通过初装费的形式收取，但是由于在大多数城市初装业务由城市燃气公司垄断，因此初装费定价标准存疑；②其他配气设施的固定成本和运营维护成本，城市燃气公司通过综合营业收入来补偿。

我们建议在配气价格方面进行以下四项改革。①首先，和输气价格一样对配气价格实施两部制价格，分别回收基础设施建设的固定成本和运行维护的可变成本。②其次，在小区管道和入户管道安装部分，允许引入符合施工资质的第三方安装公司，通过市场竞争的形式提供施工服务并确定初装费。③再次，要求配气设施对第三方开放。④最后，应当在居民天然气账单中将气价、输气价格和配气价格分别列出，让居民对天然气价格的不同部分有直观感受，为未来的天然气价格市场化做好铺垫。

（4）售气价格

当前我国天然气终端售气业务主要通过两个途径实现，分别是气源企业向大用户直接售气和燃气公司对居民和非居民用户售气。为了实现天然气产业的市场化改革，相关售气业务的实现形式必然会发生改变。

我们认为首要的改革，是在已经实现配气和售气分离的燃气公司的特许经营区域内，引入更多售气主体。特许经营权保护的是配售气一体的公司，不少燃气企业为应对改革，已经提前做了配气和售气分离，且特许经营针对的主要是配气管道部分，售气不属于特许经营的范畴。第二步是将售气业务从气源企业和城市燃气公司中剥离出来，成立独立的售气公司，并且允许在同一个市场存在多家售气公司，由用户自由选择。通过独立售气公司的引入，可以打破原有售气模式由于垂直一体化所带来的市场势力：既能够防止气源企业在大用户市场上利用气源和管输优势绑定用户，同时也防止城市燃气公司利用配气网络垄断捆绑售气业务。

售气公司可以通过从气源企业购买天然气，支付管输和配气价格获取输配服务，最终将天然气提供给用户。如果上述针对气源、管输和配气的改革措施均能实现，对于非居民用户，售气公司将在气源购买和终端售气两个环节面临市场竞争，并且可以向管道公司和城市管网公司购买输气和配气服务，形成市场化的天然气供应；而对于居民用户，气源购买和终端售气环节则面临政府指导定价。

对于终端居民用气的价格，我国政府当前在全国范围内推行居民天然气阶梯定价。按照当前政策，我国天然气阶梯定价方案包含三档定价，其中第一档气量应保证80%的居民家庭用气，价格基本与供气成本相匹配；第二档气量的覆盖范围扩大到95%的居民月度用气，价格上是第一档天然气价格的1.2倍；第三档气量为超过第二档的额外部分，价格定为第一档天然气价格的1.5倍。但是，当前阶梯气价政策执行过程中仍存在一些问题，例如第一档气价原则上应与供气成本相匹配，但由于推出阶梯气价时我国很多城市对于天然气供气成本的严格核算还没有完成，造成第一档气价在很多城市是明显低于供气成本；其次是第二档和第三档覆盖居民范围过小、和第一档用气比价不合理，使得大多数居民的用气价格都受到补贴、居民平均气价远低于供气价格。

对于终端居民用气的阶梯价格政策，我们认为应当适当调整三档用气气量，特别是需要大幅度降低第一档用气气量，使其覆盖30%～50%较低用气量居民（通常也是较低收入居民）的日常用气量。此外还应当提高第二档第三档用气价格，例如仿照个人所得税的纳税人群体比例和税负比例来设计高档用气价格。另外，考虑到天然气作为价格波动频繁的大宗能源商品，第一档用气的气价可以通过价格公式绑定国际天然气价格进行浮动定价。进行上述改革的最终目标是能够实现居民用气平均价格反映供气成本（竞争市场购气价格、管输价格、正常配气价格及合理利润的加总），最终理顺天然气产业各个环节的价格传导能力。

调研简报

云南

【概况】云南全省仅有昆明东和昆明西两条支线通气（合计130公里），共有9个州市通气，截至2016年，省内管道建设规模1480公里。上游供气主体为中石油西南管道公司和西南油气田，省内管道运输企业为西南管道公司和昆仑燃气，气源为中缅管道天然气和西南川渝油气田所产天然气。中缅天然气管道为昆仑燃气所有，总输气量124.32亿立方米，2016年输气量为41.74亿立方米。全省累计用气量1.73亿立方米，2016年用气量为1.32亿立方米。城市燃气企业有昆仑、华润、新奥等40余家，其中有8家大的燃气公司，昆仑燃气最大。

销售价格：居民用气零售价3.31元/立方米，门站价格为2.3元/立方米；非居用气最高限价为2.72元/立方米，门站价格为1.71元/立方米，用气旺季非居门站价格上浮至1.88元/立方米。

一般工商业零售气价为2.72元/立方米，工业用气零售价为2.07元/立方米。

输配费：居民/非居一口价，城市配气费0.65元/立方米，省内管输价格为0.36元/立方米。

延伸服务费：初装费方面曲靖为2700元/户（政府补贴1350元），玉溪为2500元/户（政府补贴200元），昭通为3500元/户。除此以外还有改管服务费等延伸服务费。

【问题】1. 前期市场建设混乱，省内昆仑燃气一家独大，所以输配具体成本由昆仑燃气自己掌握，居民用气、输配价格核定只能参照周边省份核定一个大概。

2. 尽管云南境内不是环形气网，但是省内目前配气是一口价，不是按照“价格/1立方米×1公里”定价。这导致昆仑燃气可能修个200米的管道也要收到0.35元钱/方的输配费。

3. 昆仑燃气纵向垄断，下游对昆仑燃气没有谈判能力，现阶段无法轻易放开非居用气价格。

4. 层层加价：昆仑燃气卖给华润，华润卖给新奥，三层加价。

【建议】1. 借鉴成品油价格调整机制，从国家层面加强对上游供气企业运营成本的监审核公开。

2. 明确管输和配气环节的认定标准，为地方清理管输和配气环节费用提供依据。

3. 推进工业用气直供，鼓励签订长期合同，降低工业用气成本。

4. 政策中明确是否可以收取延伸服务费。

四川

【概况】四川省内天然气99%是由中石油西南油气田供气，西南油气公司从2012年建了十多条管网，2016年供气127.8亿立方米。价格执行情况基本与重庆相同，输配价格为0.116～0.143元/立方米，气源地偏低一些，按照发改委限价执行，非居价格旺季上浮10%。

【问题】1. 三家气源公司的竞争没有形成。

2. 上下游信息不对等，下游用气方谈判权不对等。

3. 城市燃气部分，在内部形成交叉补贴，无法实现降成本。

【建议】1. 针对放开两头：如果引入竞争应该上下游同时放开，在上游垄断的情况下放开下游，会使下游竞争更加激烈，企业仍是没有议价权；终端销售企业可能更多的是利用管网输配，改革中应对输配费有明确规定。

2. 由于乡镇供气成本高，乡镇配气的利润主要体现由安装环节实现，因此需界定安装费，哪一部分必须由居民承担，哪一部分必须由企业承担。

3. 完善城镇配气价格，对工商业实行分类，同时调整非居、居民门站价格，减少交叉补贴。

贵州

【概况】贵州燃气集团的股份构成为中石油占60%，燃气公司占40%的股份，2016年贵州全年用气量4.4亿立方米。由于贵州省市场起步晚，没有历史遗留问题，从省网直接供到城市燃气公司，没有其他中间环节，可以考虑进行市场化改革。

管输费：管输费实行全省一价的临时价格0.36元/方。该价格是在当时按管道建设成本核算出来，设定30年的经营期，8%回报率。此外，预计12月出台管理办法，开始对居民阶梯气量动态调整。

延伸服务费：省内初装费最高2400元，对其他延伸服务收费，是按照针对煤气的价格目录收取，由市县自行管理（现在执行2011年的标准）。

重庆

【概况】市内天然气主要由中石油西南油气田所属的重庆气矿、川中油气矿、蜀南气矿的自产气供应，日供气量为2000万方。2012年后中石化开始通过川维线供气，日供应约为700万立方米，主要是工业用气。2016年全市天然气消费量89.3亿立方米，中石油供应67.6亿立方米，中石化供应21.4亿立方米。居民用气26.7亿立方米，CNG用气6.9亿立方米，工业用气55.7亿立方米，全市气源充足，基本是按需供应。

销售价格：居民用气的门站价格为1.227元/立方米，零售价格1.72元/立方米，配气费为0.443元/立方米；非居门站价格为1.62元/立方米（中石油），1.64元/立方米（中石化），化肥气价为1.5元/立方米，零售最高限价为2.14元/立方米，配气费为0.5元/立方米；工业用气为1.86~2.58元/立方米；车用CNG终端售价为3.27元/立方米；商用气价格为1.92~2.86元/立方米。

输配费用：长寿、涪陵龙桥、涪陵白涛、南川水江四个站点的管输价格分别是0.066元/立方米，0.088元/立方米，0.10元/立方米，0.12元/立方米。新建涪陵至王场镇段管道，管输价格约为0.115元/立方米。

安装费：每户需缴纳1100元的大管道建设费，1150元的入户安装费。

储气设施：目前有中石油相国寺储气库，总容量40.5亿立方米，年调峰规模约为20亿立方米；重庆燃气集团头塘储配站，有效调峰能力36万立方米；此外还有部分终端燃气公司 LNG 调峰站，约 60 万立方米的调峰设施。

【建议】1. 放开两头，管住中间进行市场化改革，但是市场化需要一个明确的方向，政府对管道规划的主导权需进一步加强，避免电网走过的老路。

2. 建议成立国家管网公司，承担普遍服务职能，公司不得参与上下游业务。

3. 增加上中下游的运营壁垒，避免纵向垄断。

重庆天然气产业——供、输、配

中石油西南油气田分公司

【概况】中石油西南油气田分公司于 1999 年成立，主要负责四川、西昌盆地油气勘探开发、管网集输和销售。公司现辖二级单位 41 个，合同员工 3.1 万，固定资产原值 1445 亿，年经营收入 400 亿。在产能方面，公司现有生产井 1400 余口，年产能 220 亿立方米，累计产气 3800 亿立方米。原油年产 10 万吨，累计 523 万吨。

供应：2016 年公司自营气 191 亿立方米，外购气 21.7 亿立方米。主要销往川、渝、云、贵等四省市千余家大中型工业用户，1500 万户居民家庭及 1 万多家公用事业用户。2016 年全年，公司共计销售 204.6 亿立方米天然气，其中四川 127.8 亿立方米，重庆 67.6 亿立方米，云南 5.16 亿立方米，贵州 0.18 亿立方米。外输湖北 3.81 亿立方米。按用气类型，居民用气 62.2 亿立方米，化肥用气 25.7 亿立方米，非居用气 116.7 亿立方米。

价格执行：按照相关规定，居民用气价格按照“出厂费＋管输费”，非居和化肥用气实行门站定价。其中，川渝云贵的居民用气为1.15元/立方米，运输费为0.116～0.143元/立方米；非居用气重庆为1.64元/立方米，四川为1.65元/立方米，云南、贵州为1.71元/立方米。运输费0.16～0.17元/立方米。旺季非居用气价格上浮。

管网、储备：公司现有集输和燃气管道3.1万千米，骨干管网8548千米，输配气站400多座，七天集输管道3179条，集输站场2233座。拥有地下储气库1座（相国寺），综合输配能力300亿方/年。调峰采气能力1400万方/日，最大应急2800万方/日。

西南销售公司：定价权由中石油财务部、销售公司负责执行。

【问题】1. 作为上游公司销售的居民与非居民用天然气价格却未并轨：价格管理难度大，输配费按里程定价，区间多；居民用气价格长期偏低，与供气成本背离。

2. 川渝地区天然气管道运价复杂，未体现同网同价。

3. 储气服务价格市场化推行较为困难。

【建议】1. 推进居民及非居价格并轨。

2. 实行川渝天然气管输价格并轨。

3. 明确管网负荷率确定方法。

4. 建立和完善季节调峰价格机制。

重庆燃气集团

【概况】重庆燃气集团股份有限公司成立于1973年，2014年上市。下辖11家分公司，15家全资子公司，10家控股子公司，11家参股子公司。现供应范围覆盖重庆24个区县，2016年全年供气占全市供气量的27.5%，客户占全市城市燃气客户的60%。

气源：中石油供应量占到总供应量的85%以上。

执行价格：

类别	价格	比例	终端售价（含税）	购销价差
居民	1.277	41.84%	1.72	0.443
非居民	1.62	58.16%	2.14	0.52
（旺季）非居民上浮10%	1.784		2.14	0.356

输配价格：

实际核算的输配成本	2016年实际执行的输配价格
2016年重庆综合输配成本为0.5172元/立方米 2014年沙坪坝居民配气成本为0.7541元/立方米 永川子公司居民配气成本为0.6478元/立方米	居民配气价格为0.392元/立方米
	非居配气价格为0.356元/立方米

【问题/建议】1. 服务的居民客户多，管理成本和安全风险高。目前新增客户相对饱和，安全投入则不断加大，每年运营费用投入1.7亿元用于保障安全，未来配气费方面没有太多利润空间。

2. 当前的价格核算方式中准许成本的定义有争议，没有覆盖全部成本，没有反映合理收益。

3. 上下游放开的问题：上游竞争尚未形成，目前放开下游的话，上游企业有体量优势、管道优势，企业与中石油、中石化谈判没有议价能力。

4. 交叉补贴无以为继：现行的定价分为居民、非居民两类，价格没有并轨。对燃气公司而言，销售端民用气比重大，在冬季高峰期只能以非居价格买进来，但以居民价格卖出去。

5. 应考虑未来对工商业用户都按气量等级划分价格区间（两部制价格），同时对居民进行级别分类（例如阶梯价格），仅补贴部分低收入人群。

川渝（川港）燃气公司

【概况】川渝（川港）燃气公司为中石油下属终端燃气企业。气源供气主体分别是西南油气田成都、重庆分部，长南公司，焜田公司（中石化），华油集团凯源公司。

价格执行：重庆市指导价，分为居民（阶梯气价）、工业、商业三种。

商用气：2.14～2.33元/立方米；工业用户：2.14元/立方米。

居民年用气量	阶梯价格	企业月用气量	降价幅度
0～500	1.72元/立方米	1万～5万立法米	0.1元/立方米
500～600	1.89元/立方米	5万～10万立方米	0.15元/立方米
600及以上	2.24元/立方米	10万～20万立方米	0.2元/立方米
		20万及以上	0.3元/立方米

【问题和建议】1. 市政府出台《关于降低电气价格支持工业经济发展的通知》，要求对客户（工业）进行阶梯气价优惠，导致公司盈利能力下降。

2. 传导机制没有理顺：上级销售公司制定价格时未与地方政策相结合，导致上游购价增高，下游售价不变，损失由公司负担。建议从门站到终端进行价格联动，一步到位。

3. 部分燃气公司肆意抢夺用户，造成供区市场混乱。焜田燃气公司打入长寿、涪陵市场，一方面造成管道重复建设；另一方面作为中石化子公司可以从中石化低价拿气，对用户低价渗透。建议有关部门对区域内的天燃气供气区域进行划分，兼顾公平，保护老企业的同时为新企业提供发展空间。

凯源燃气

【概况】凯源燃气为中石油子公司，下属 8 个分公司，一个全资子公司，燃气用户 86 万余户，98% 的气来自西南油气田。主要供气区域为 17 各国家和市级产业、工业园区。从购气种类看，居民用气 43.29%，非居民用气 56.7%。由于区域管理费不同，公司购买的居民用气价格从 1.23 元/立方米到 1.288 元/立方米不等，非居价格按 1.62 元/立方米执行，旺季上浮 10%。销售端按照重庆市物价局下发的文件执行居民生活阶梯气价，大部分居民用户为 1.72 元/立方米，非居为 2.14 元/立方米。对于转供用户，则根据重庆气矿每月提供的计量报表对该板块用户采取“平进平过”的结算方式起票结算。公司年销售利润四五千万元，安装利润占 30%。

储气设施：公司主要依托中石油和自建片区设施及管网进行储气调峰，部分集中片区采用 LNG 临时调峰供气。

长南天然气输配有限公司

【概况】气源来自中石化涪陵区页岩气，反供长寿区川维厂，约为 100 万立方米/天；和重庆主城，约为 50 万立方米/天。当初建设规模为一年 20 亿方的运载能力，实际上 2015 年仅输送 8.3 亿立方米，2016 年仅输送 2.38 亿立方米。公司的主要供气对象为中铝、建峰化工、华峰三个企业。供气门站价格为 1.64 元/立方米，管输价格为 0.05 元/立方米。

业务拓展：公司被迫投入乡镇终端市场开发，在南川、武隆 8 个乡镇，发展不到3000户的用户。安装费部分，按照区县价格目录，政府核定为3800元，实际收取3500元。在终端市场盈利800万元左右。

【问题】输配费没能执行0.12元/立方米的标准，被迫降价到5分/立方米，导致管道运输部分亏损2800万元左右。

重庆市工商业天然气用户

卡贝乐化工

【概况】重庆卡贝乐化工有限责任公司是重庆化医控股的全资子公司，于2008年成立，现有员工300人。主要业务是天然气制甲醇，最大实际生产能力为85万吨/年，2013年正式投产。2016年执行的天然气价格为，1~4月、11月1.62元/立方米，5~10月执行淡季促销价格，12月1.692元/立方米。当前市场上甲醇价格低位徘徊，2016年前9个月为1659元/吨，17年价格回升至2650元/吨左右。

【问题及建议】1. 加快天然气价格市场化改革步伐，拓宽交易平台，提高用气方议价能力。

2. 加快国内天然气价格机制与国际定价机制接轨，弱化基准门站作为指导价的影响，双方共同商定基准价。

3. 提高民用气价，降低工业用气价格。

4. 继续推进淡旺季促销政策。

5. 对节能环保型企业给予更多优惠。

建峰化工

【概况】建峰工业集团主要用气单位有两家子公司，分别是化肥分公司和驰源化工。化肥分公司，一套年产 30 万吨合成氨/52 万吨尿素化肥（简称“一化”），一套 45 万吨合成氨/80 万吨尿素化肥（简称“二化”）。一化气源为中石油西南油气分公司，供气管道为自筹资金铺设，全长 78.6 公里，日用气 100 ~ 110 万立方米，年用气 3.8 万立方米，气均价 1.5264 元/立方米，无管输费。二化由重庆四合燃气公司供应页岩气，供气管道为自筹资金铺设，全长 3 公里，日用气 48 万立方米，年用气量 5.5 亿立方米，气均价 1.516 元/方，无管输费。

2016 年受石油煤炭低价及产能过剩影响，产品市场价格低迷，天然气作为原料占产品成本的 70% 以上。

【建议】由于煤化工企业相对天然气化工企业生产成本更低，目前情况下，天然气企业没有竞争优势，建议给予企业调峰气价优惠，天然气价格与企业产品市场价格联动机制。

华能两江燃机发电

【概况】华能重庆两江燃机发电有限责任公司是华能国际旗下全资子公司，西南首座燃气 - 蒸汽联合循环冷热电三联供的综合清洁能源站，主要为两江新区供电。公司规划为 5 台 F 级燃气机组，第一期两台（2 × 467.34MW）于 2014 年投产。年发电能力为 42 亿千瓦时，提供蒸汽 200 万吨。唯一气源是中石油西南油气公司（大用户直供），旺季按基准门站价格上浮 10%。

【问题/建议】1. 燃气电机的主要问题是燃料成本高，制约了燃机电量空间，无法参与电力市场化交易，建议淡季能有更大的促销手段，降低发电成本。

2. 2016年公司机组主要作为调峰机组用，利用率偏低，火电机组产能过剩，挤压了燃气机组生存空间。

3. 从国家层面明晰天然气发电行业定位，主导形成发电用天然气价格机制，进行专项成本疏导，提高天然气发电调度发电序位，对低碳节能的燃气机组给予适当政策支持，增强其市场竞争力。

甘肃

【概况】管道供应：截至2016年，甘肃境内共有6条供气管道，年供气38亿方，其中98%来自中石油西部管道公司，其他气源为1亿立方米。

输配定价：跨省大管线为中石油建造，省内仅有一条短途天然气管道“平西管线”，长度为72.5公里，年供气能力为2亿立方米。双方约定临时输配价格为0.12元/立方米（一口价）。全省29家管道燃气公司，平均配气价格为0.49元/立方米（庆阳除外，庆阳的配气价格为0.9元/方，测算后的配气价格为0.7元/方）。

供气价格：天然气门站均价为1.41元/立方米，居民气均价为1.82元/立方米，非居均价为1.92元/立方米。

延伸服务费：初装费方面，兰州1800元/户，天水2300元/户，酒泉1850~2200元/户，张掖1900~2300元/户，金昌2100元/户；管网建设费，新建项目从城市基础设施配套费（80元/建筑平方米）中提取10%。

【问题】气化率低：省内天然气管道里程数8000多里，排到全国第二，但天然气的使用普及率低。与天然气相比，煤、电更便宜。

【建议】1. 尽快出台天然气改革办法。

2. 对省内天然气的开发使用进行统一规划，根据用气量的增大，新建门站，或者从其他门站上再接管道。

宁夏

【概况】管道供应：宁夏境内由中石油西气东输单一供给，境内管道有西气东输一线、二线、兰银线。年用气量 22.49 亿方，其中非居民用气量为 17.96 亿方。预计到 2020 年全区用气量达到 26 亿立方米。上游只有中石油一家，下游则是每个城市只有一家燃气公司。

供气价格：门站部分直供用户完全放开，由供需双方自主协商；非直供用户中，居民用气 1.22 元/立方米，非居民用气 1.51 元/立方米。

零售部分：执行上下游价格联动，在供暖季，无论是居民还是非居用气均上浮。其中，工商业用气为 2.06 元/立方米，供暖用气为 1.91 元/立方米，管道车用气 2.88 元/立方米，学校、养老院、福利机构不实行阶梯气价。LNG 价格完全放开，由市场决定。

输配价格：由于省内没有中间环节，即没有燃气输配管理公司，输配是由中石油长宁管道公司直接跟城市燃气管道对接。当期输配价为 0.4 元/立方米，属于保本微利。

延伸服务费：对于老旧小区，入户工程费政府制定价格（2650 元/户），其中包括小区内管网、入道、燃气表的费用；对于新建商品房，自 2008 年后都直接打入房价中（包括水电气、有线电视、电话）；对于工商业企业，由于安装、用量差异大，没办法核定，由城建部门按照管气量、管材费、降压设施、燃气表等实际发生价格收取。

储气设备：在银川有 5 万方储气设施（2.2 万吨），可保供 8 天。

【建议】1. 油气配套改革同步进行。

2. 发展多个气源以供选择。

3. 天然气改革不要一刀切，分步实施，多气源地的沿海先行，单气源地放缓步伐。

4. 由于下游没有谈判权，反对非居用气价格上浮的政策延续到2017年年底。

青海

【概况】青海省境内目前共有14个燃气公司，年销售总量16亿立方米，其中西宁市占1亿立方米，目前省内取消了接口费。

输配气价：0.2元/立方米，西宁成本大概0.3元/立方米，均为一口价，但地方小公司的配气成本大概到1元/立方米。

天然气售价为非居民用气1.27元/立方米，居民用气和非居用气的购气价差不到0.2元。

【问题及建议】1. 由于青海油气田跟青海地方政府有矛盾，总部设在甘肃，在青海开采天然气，但是开采出的天然气并不供给青海。

2. 使用天然气集中供热的热损失太大，使用天然气壁挂炉能源利用率高。

新疆

【概况】新疆为中石油三大油田、中石化的天然气产地。当地的天然气公司有西部管道公司、新杰（中石油的公司）等三家。2016年供气94亿立方米（包括30亿立方米进口转内销），境内共有9条管道。

供气价格：年平均价格为居民1.26元/立方米，供热1.25元/立方米，商业用气2.1元/立方米，工业用气1.2元/立方米，车载气1.35元/立方米。

2016年11月20日到3月30日非居用气价格上浮10%。15个企业有12个企业签订该协议，克拉玛依市和石河子市执行顺价调整，尤其是克拉玛依放开车用气价格后并没有异常波动；阿拉泰和塔门地区则不涉及门站调整。

输配价格：省内输配气价由企业自行协商；省内短途输配气自2017年起按照国家通知重新核准。

延伸服务费：初装费方面新疆各州按目录定价，新建工程的初装费包含在房屋费中，老旧住宅改造的初装费由燃气企业自行收取，非居建筑的初装费由燃气企业跟用户协商确定。

储气设施：只有一座储气库（107亿立方米，累计储气50多亿立方米）。

【问题/建议】1. 保持南疆现有的用气价格水平（现在上浮为0.88元/立方米）。

2. 由于新疆境内管道多，数据收集困难，建议建立天然气管道价格填报系统。

甘肃省天然气产业——供、输、配

甘肃昆仑燃气

【概况】总资产为30.86亿元，其中国资委、中石油各占50%的股份。在甘肃境内，主供兰州、定西、甘南三个市州，此外还有皋兰、榆中、临洮、夏河、兰州新区。公司共有天然气门站10座、CNG加气站6座、LNG工厂1座、LNG气化站2座、管线3660公里。公司目前有员工1640人。

执行价格：门站价格：平时居民用气为1.134元/立方米，非居民用气1.43元/立方米。旺季（供暖季，11月20日到3月底）非居价格上浮至1.573元/立方米。核算下来企业的全年购气均价1.41元/立方米。

零售价格：居民用气为1.7元/立方米，采暖用气为1.75元/立方米；加气站购气价为2.15元/立方米，加气站对外销售2.9元/立方米；工商业用户1.99元/立方米，特大工业用户1.5元/立方米（年用气1亿立方米以上）。

【问题】1. 气源单一，冬夏用气峰谷差大，供暖期用气占全年用气量的50%以上，冬季保供形势严峻。

2. 供应紧张：上游供气更多考虑线路的平稳运行，而且向青海的供气量加大，对甘肃供气可能会减少。（“涩宁兰”管线供气量不足，“兰银线”供气能力受限。正在商议建设“古兰”联络线，从西气东输三线接气，但目前尚在协商中。）

3. 协商门站价格时上下游不统一。上游供气仅中石油西部管道公司一家，上游随意调整价格、产量，公司无法顺利将涨价疏导出去（一方面是涨价执行得慢且上游不保供，每日限定供应量；另一方面由于中石油定价权在总部，下面的销售公司只负责执行，没有定价权）。

【建议】由于冬季对天然气的需求为刚性需求，建议在进行改革时，尊重市场规律，在市场价格波动时实现上中下游联动。同时建议保留初装费。

中石油西部销售公司

【概况】为中石油的子公司，占甘肃全境供气量的98%。2016年一共向甘肃省提供了26亿立方米天然气，其中居民用气占20%、工业用气占

20%、城市燃气（集体采暖、商业）占60%。

【问题】1. 冬季供应紧张，兰州供气不足。

2. 季节的峰谷明显，管道调峰能力差。

3. 市场分布不均，陇东、陇南气源充足，但是市场开发慢。

甘肃省工商业天然气用户

甘肃刘家峡化工

【概况】公司以生产化肥为主，天然气作为原料。每年生产合成氨40万吨，尿素70万吨，其他合成肥25万吨。2010年企业油改气，由于当时天然气价格较低，直至2013年企业都运行良好。后来天然气价格一路上涨，导致企业亏损及半停产。

用气价格现在为1.384元/立方米（政府已补贴5分钱/立方米），原料价格占到总成本70%～80%。天然气价格区间为1.2～1.3元/立方米时，企业能够生存。现在化肥出厂价约为1450元/吨（价格区间1420～1500元），出厂成本1410元/吨。如果企业的产量上升到90%左右时，则每吨化肥的成本能降70～80元。

由于没有气源，甘肃的天然气价格与周边省份相比偏高，如邻近的青海省气价比甘肃每立方米低0.2元。2016年7月中石油对于化肥企业每立方米用气优惠了0.17元，但是当时企业没有开机生产，所以没有享受到优惠。

【问题与建议】1. 现在各方面改革都在推进，让企业在短时间内无法同时承受、消化气价、电价、煤价的上涨，应该给企业一个窗口期过渡。

2. 没有谈判话语权，可以跟上游气源公司谈判，议价权不在气源公司，需要上级公司发文降价。

3. 现在全国大部分化肥企业都属于亏损状态，全国平均开工率为63%，基于煤炭的化肥企业略有盈余（100多家里面，不到10家盈余）。现在生产能力只有50%。

4. 发改委发过文（2014年、2015年都下过文）：对于调峰用户（如刘化），每立方米天然气的优惠不能低于0.2元钱。

蓝天玻璃

【概况】蓝天玻璃属于国有企业，从2005年至今，年用气量约为7000万立方米，2017年新增加2条生产线后，总用量约为1.2亿立方米。投资1亿元建设了天然气专供管道，由地方燃气公司转供。当前天然气价格为1.573元/立方米，供暖季上浮0.07元，占总生产成本的40%。

【问题】1. 企业负担重，共有两千多退休职工，一千多在职职工。

2. 大部分玻璃厂使用的是煤制气生产，成本较使用天然气生产更低。

3. 供暖季中石油天然气价格上浮10%，尽管省发改委下文禁止上浮或传导给下游客户，但蓝天玻璃厂实际上还是承担了上浮价格。

兰州卷烟厂

【概况】企业每年约生产240多个工作日，天然气主要用于烧热水和生产蒸汽，年用气量800万立方米。受税点上浮和控烟的影响，2016年企业首次出现两位数的负增长，但仍上缴财政110亿元。

【问题】企业没有替代的能源设备，遇到调峰断气企业就只能停产。

鼎新食品

【概况】主营业务为食品加工业，2016 年产值 20 多亿元，利润 1 亿多元。能源品种主要是水、电，天然气主要用于热水和蒸汽生产。

【问题】地方政府对外资企业和本土企业双重标准，鼎新食品的购水价格为 9 元/吨，但隔壁雪花啤酒（雪花啤酒为外资）只有 2.45 元/吨。

兰州热力总公司

【概况】兰州市最大的供热站，供热范围 55 万平方米，总用气量达 1300 多万立方米，仅 2015—2016 年冬季供热，用气量达 621.5 万立方米。

参考文献

[1] Arthur M D F S R, Bond C A, Willson B. Estimation of elasticities for domestic energy demand in Mozambique [J]. Energy Economics, 2012, 34 (2): 398-409.

[2] Asche F, Osmundsen P, Sandsmark M. The UK Market for Natural Gas, Oil and Electricity: Are the Prices Decoupled? [J]. Energy Journal, 2006, 27 (2): 27-40.

[3] Atil A, Lahiani A, Nguyen D K. Asymmetric and nonlinear pass-through of crude oil prices to gasoline and natural gas prices [J]. Energy Policy, 2014, 65 (3): 567-573.

[4] Baffes J. More on the energy/nonenergy price link [J]. Applied Economics Letters, 2010, 17 (16): 1555-1558.

[5] Baffes J. Oil spills on other commodities [J]. Resources Policy, 2007, 32 (3): 126-134.

[6] Baillie R T, Booth G G, Tse Y, et al. Price discovery and common factor models [J]. Journal of Financial Markets, 2002, 5 (3): 309-321.

[7] Balke N S, Brown S P A, Yücel M. Crude Oil and Gasoline Prices:

An Asymmetric Relationship? [J]. Economic Review, 1998, 1 (Q 1): 2-11.

[8] Boiteux M. Sur la gestion des Monopoles Publics astreints a l'equilibre budgetaire [J]. Econometrica, 1956, 24 (1): 22-40.

[9] Bönte W, Nielen S, Valitov N, et al. Price elasticity of demand in the EPEX spot market for electricity—New empirical evidence [J]. Economics Letters, 2015, 135: 5-8.

[10] BP. BP Statistical Review of World Energy 2017 [M]. OECD/IEA.

[11] Brigida M. The switching relationship between natural gas and crude oil prices [J]. Energy Economics, 2014, 43 (2): 48-55.

[12] Brown S P A, Phillips K R. Oil demand and prices in the 1990s [J]. Economic & Financial Policy Review, 1989: 1-8.

[13] Brown S P A, Yücel M K. What Drives Natural Gas Prices? [J]. Energy Journal, 2008, 29 (2): 45-60.

[14] Chernozhukov V, Hansen C. Instrumental variable quantile regression: A robust inference approach [J]. Journal of Econometrics, 2008, 142 (1): 379-398.

[15] Cooper J C B. Price elasticity of demand for crude oil: estimates for 23 countries [J]. Opec Energy Review, 2003, 27 (1): 1-8.

[16] Darby, S. (2006). The effectiveness of feedback on energy consumption. A Review for DEFRA of the Literature on Metering, Billing and direct Displays 486.

[17] Engle R F, Granger C W J. Co-Integration and Error Correction: Representation, Estimation, and Testing [J]. Econometrica, 1987, 55 (2):

251 –276.

[18] Fatai K, Oxley L, Scrimgeour F G. Modeling and Forecasting the Demand for Electricity in New Zealand: A Comparison of Alternative Approaches [J]. Energy Journal, 2003, 24 (1): 75 –102.

[19] Garbade K D, Silber W L. Price Movements and Price Discovery in Futures and Cash Markets [J]. Review of Economics & Statistics, 1983, 65 (2): 289 –297.

[20] Geng J B, Ji Q, Fan Y. The impact of the North American shale gas revolution on regional natural gas markets: Evidence from the regime – switching model [J]. Energy Policy, 2016, 96: 167 –178.

[21] Granger C W J. Investigating Causal Relations by Econometric Models and Cross – spectral Methods [J]. Econometrica, 1969, 37 (3): 424 –438.

[22] Gundimeda H, K? hlin G. Fuel demand elasticities for energy and environmental policies: Indian sample survey evidence [J]. Energy Economics, 2008, 30 (2): 517 –546.

[23] Hartley P R, Medlock K B, Rosthal J E. The Relationship of Natural Gas to Oil Prices [J]. Energy Journal, 2008, 29 (3): 47 –65.

[24] Hasbrouck J. One Security, Many Markets: Determining the Contributions to Price Discovery [J]. Journal of Finance, 1995, 50 (4): 1175 –1199.

[25] Hassouneh I, Serra T, Goodwin B K, et al. Non – parametric and parametric modeling of biodiesel, sunflower oil, and crude oil price relationships [J]. Energy Economics, 2012, 34 (5): 1507 –1513.

[26] Hayashi F. Econometrics [M]. Princeton University Press, 2000.

[27] Jamil F, Ahmad E. Income and price elasticities of electricity demand: Aggregate and sector – wise analyses [J]. Energy Policy, 2011, 39

(9): 5519 -5527.

[28] JesusGonzalo, CliveGranger. Estimation of Common Long - Memory Components in Cointegrated Systems [J]. Journal of Business & Economic Statistics, 1995, 13 (1): 27 -35.

[29] Kaufmann R K, Ullman B. Oil prices, speculation, and fundamentals: Interpreting causal relations among spot and futures prices [J]. Energy Economics, 2009, 31 (4): 550 -558.

[30] Kaza N. Understanding the spectrum of residential energy consumption: A quantile regression approach [J]. Energy Policy, 2010, 38 (11): 6574 -6585.

[31] Koenker R, Bassett G. Regression Quantiles [J]. Econometrica, 1978, 46 (1): 33 -50.

[32] Krichene N. World crude oil and natural gas: a demand and supply model [J]. Energy Economics, 2002, 24 (6): 557 -576.

[33] Lee S. Endogeneity in quantile regression models: A control function approach [J]. Journal of Econometrics, 2007, 141 (2): 1131 -1158.

[34] Lim K M, Lim S Y, Yoo S H. Short - and long - run elasticities of electricity demand in the Korean service sector [J]. Energy Policy, 2014, 67 (2): 517 -521.

[35] Luchansky M S, Monks J. Supply and demand elasticities in the U. S. ethanol fuel market [J]. Energy Economics, 2009, 31 (3): 403 -410.

[36] Mattos F, Garcia P. Price discovery in thinly traded markets: Cash and futures relationships in Brazilian agricultural futures markets [C] //NCR - 134 Conference on Applied Commodity Price Analysis, Forecasting, and Market Risk Management, St. Louis, MO. 2004.

[37] Melling A. Natural Gas Pricing and Its Future: Europe as the Battleground [J]. 2010.

[38] Nazlioglu S, Erdem C, Soytas U. Volatility spillover between oil and agricultural commodity markets [J]. Energy Economics, 2013, 36 (3): 658 -665.

[39] Nerlove M. Distributed lags and estimation of long - run supply and demand elasticities: Theoretical considerations [J]. Journal of Farm Economics, 1958, 40 (2): 301 -311.

[40] Ramberg D J, Parsons J E. The Weak Tie Between Natural Gas and Oil Prices [J]. Energy Journal - Cambridge Ma then Cleveland Oh -, 2010, 33 (2): 13 -35.

[41] Ramsey F P. A contribution to the theory of taxation [J]. Economic Journal, 1927, 37 (145): 47 -61.

[42] Rao B B. Estimating short and long - run relationships: a guide for the applied economist [J]. Applied Economics, 2007, 39 (13): 1613 -1625.

[43] Romero - Jordán D, Río P D, Pe? asco C. An analysis of the welfare and distributive implications of factors influencing household electricity consumption [J]. Energy Policy 88 (2016) 361 -370.

[44] Sari R, Hammoudeh S, Chang C L, et al. Causality between market liquidity and depth for energy and grains [J]. Energy Economics, 2012, 34 (5): 1683 -1692.

[45] Serra T. Volatility spillovers between food and energy markets: A semiparametric approach [J]. Energy Economics, 2011, 33 (6): 1155 -1164.

[46] Shively B, Ferrare J. Understanding today's natural gas business [M]. Enerdynamics, 2011.

[47] Shu F, Hyndman R J. The price elasticity of electricity demand in

South Australia [J] . Energy Policy, 2011, 39 (6): 3709 -3719.

[48] Stock J H, Watson M W. Testing for common trends [J] . Publications of the American Statistical Association, 1988, 83 (404): 1097 -1107.

[49] Stock J H, Watson M W: Introduction to Econometrics [M] . Addison Wesley, 2004.

[50] Sun C, Lin B. Reforming residential electricity tariff in China: Block tariffs pricing approach [J] . Energy Policy, 2013, 60 (6): 741 -752.

[51] Sun C, Ouyang X. Price and expenditure elasticities of residential energy demand during urbanization: An empirical analysis based on the household -level survey data in China [J] . Energy Policy, 2016, 88: 56 -63.

[52] Türkekul B, Unaktan G. A co -integration analysis of the price and income elasticities of energy demand in Turkish agriculture [J] . Energy Policy, 2011, 39 (5): 2416 -2423.

[53] Tussing A R, Barlow C C. The natural gas industry: evolution, structure, and economics [J] . Ballinger Publishing Co Cambridge Ma, 1984, 4.

[54] Villar, J. A. , Joutz, Frederick. The relationship between crude oil and natural gas prices. Energy Information Administration, Office of Oil and Gas. 2006. 1 -43.

[55] Yang J, Bessler D A, Leatham D J. Asset storability and price discovery in commodity futures markets: A new look [J] . Journal of Futures Markets, 2015, 21 (3): 279 -300.

[56] Yue -Jun Zhang, Yi -Ming Wei. The dynamic influence of advanced stock market risk on international crude oil returns: an empirical analysis [J] . Quantitative Finance, 2011, 11 (7): 967 -978.

[57] Zapata T R F, Armstrong D. Price Discovery in thc World Sugar Futures and Cash Markets: Implications for the Domincan Republic [J]. Staff Paper, 2005, 26 (12): 2285-2295.

[58] Zhang Y J, Fan Y, Tsai H T, et al. Spillover effect of US dollar exchange rate on oil prices [J]. Journal of Policy Modeling, 2008, 30 (6): 973-991.

[59] Zhang Y J, Wang Z Y. Investigating the price discovery and risk transfer functions in the crude oil and gasoline futures markets: Some empirical evidence [J]. Applied Energy, 2013, 104 (1): 220-228.

[60] Zhang Y J, Wei Y M. The crude oil market and the gold market: Evidence for cointegration, causality and price discovery [J]. Resources Policy, 2010, 35 (3): 168-177.

[61] Zhang Y J. Speculative trading and WTI crude oil futures price movement: An empirical analysis [J]. Applied Energy, 2013, 107 (4): 394-402.

[62] Zhang Z B, Lohr L, Escalante C, et al. Food versus fuel: what do prices tell us? [J]. Energy Policy, 2010, 38 (1): 445-451.

[63] Zheng X, Wei C, Qin P, et al. Characteristics of residential energy consumption in China: Findings from a household survey [J]. Energy Policy, 2014, 75: 126-135.

[64] 陈新松. 2016年度天然气领域新出台政策法规观察 [J]. 城市燃气, 2017 (4): 34-39.

[65] 陈义和, 霍小龙, 王敬敬. 分报告二 抓住低油价机遇 加快中国石油战略储备 [M]. 中国能源发展报告 (2009). 社会科学文献出版社, 2009: 109-139.

[66] 褚明斌. 对我国天然气定价机制改革的思考 [J]. 中国经贸,

2013 (8): 137.

[67] 邓江，吴剑波．能源消费弹性系数与国内替代能源预期 [J]．生态经济（中文版），2009 (2): 68-71+101.

[68] 丁春香，张秋辉．英国天然气产业发展政策及启示 [J]．天然气技术与经济，2009 (3): 10-12.

[69] 段言志，史宇峰，何润民，等．欧洲天然气交易市场的特点与启示 [J]．天然气工业，2015，35 (5): 116-123.

[70] 范斌，褚燕，姚瑜．基于拉姆齐定价的我国输变电价结构研究 [J]．华东电力，2012 (1): 22-25.

[71] 冯良，张丹，王晓庆．上海天然气市场需求模型构建与计量分析 [J]．天然气工业，2009，29 (2): 120-122.

[72] 高千惠，叶作亮，代丽，等．天然气价格弹性实证研究——以成都地区为例 [J]．天然气工业，2012，32 (8): 113-116.

[73] 龚晓俊，耿杰．实行居民生活用气阶梯价的可行性分析 [J]．价格理论与实践，2008 (11): 30-31.

[74] 国务院发展研究中心"中国气体清洁能源发展前进与政策"．美国天然气监管经验对我国的启示 [J]．发展研究，2015 (3): 4-14.

[75] 胡奥林，董清．中国天然气价格改革刍议 [J]．天然气工业，2015，35 (4): 99-106.

[76] 黄海涛．居民阶梯电价结构与水平设计的模型研究 [J]．华东电力，2012 (5): 721-727.

[77] 黄辉，何永秀．输电网的拉姆齐定价研究 [J]．华东电力，2009，37 (3): 370-375.

[78] 贾全星，靳清．计量方法在能源消费弹性系数研究中的应用 [J]．统计与决策，2014 (4): 86-88.

[79] 李博．欧盟天然气市场化进程及启示 [J]．天然气工业，2015，35 (5)：124 -130.

[80] 李兰兰，诸克军，杨娟．天然气需求价格弹性研究综述 [J]．北京理工大学学报（社会科学版)，2012，14 (6)：22 -31.

[81] 李祾谖．天然气行业迎来改革历史节点 [J]．中国石化，2017 (1)：61 -63.

[82] 李硕冰．借“俄乌斗气”论道天然气价格 [J]．中国石油企业，2013 (12)．

[83] 刘万里．英国天然气行业市场化改革历程——兼论“第三方准入”的制度条件 [J]．国际石油经济，2015，23 (9)：62 -68.

[84] 刘卫东，仲伟周，石清．2020 年中国能源消费总量预测——基于定基能源消费弹性系数法 [J]．资源科学，2016，38 (4)：658 -664.

[85] 刘勇，赵忠德，李广，等．我国城市燃气行业天然气利用现状与展望 [J]．国际石油经济，2014，22 (9)：79 -85.

[86] 刘勇，赵忠德，周淑慧，等．中国燃气行业天然气利用状况及发展趋势 [J]．国际石油经济，2016，24 (6)：52 -60.

[87] 马宝玲．中国天然气市场化改革的理论与实证研究 [D]．对外经济贸易大学，2014.

[88] 马欣．中国天然气价格改革历程及思考 [J]．经济研究导刊，2014 (34)：33 -34.

[89] 毛家义．中国天然气价格形成机制的历史演变及价格变化综述 [J]．国际石油经济，2015，23 (4)：19 -27.

[90] 齐欢．石油天然气行业市场化改革探讨 [J]．中国石油和化工，2004 (2)：12 -16.

[91] 沈江波．我国城市燃气产业的政府规制改革研究 [D]．重庆大

学, 2006.

[92] 施发启. 对我国能源消费弹性系数变化及成因的初步分析 [J]. 统计研究, 2005, 22 (5): 8-11.

[93] 汪金伟. 我国页岩气资源开发利用效益评估与商业化政策研究 [D]. 中国地质大学, 2016.

[94] 王富平, 冯琦, 崔陈冬, 胡奥林. 中国天然气差别价格体系研究 [J]. 天然气工业 (37): 112-118.

[95] 王睿淳, 孙晓菲, 薛松, 等. 居民阶梯电价指导意见下的不同定价方案分析 [J]. 水电能源科学, 2013 (1): 215-218.

[96] 吴海瑾. 经济增长方式转变与能源消费弹性系数变动研究 [J]. 学海, 2006 (6): 164-167.

[97] 夏梅兴, 唐忆文. 上海市经济发展与能源弹性系数变动研究 [J]. 上海经济研究, 2006 (1): 50-59.

[98] 谢茂. 美国天然气产业发展的经验与启示 [J]. 国际石油经济, 2015, 23 (6): 30-36.

[99] 谢青青, 周淑慧. 英国天然气管网第三方准入制度研究 [J]. 石油工业技术监督, 2015, 31 (2): 15-19.

[100] 邢文婷, 张宗益, 吴胜利. 居民阶梯气价优化模型构建 [J]. 价格理论与实践, 2015 (12): 164-166.

[101] 徐婧. 天然气市场发展模式与竞争机制模拟研究 [D]. 复旦大学, 2010.

[102] 徐婷婷. 基于用户需求分析的居民天然气阶梯定价政策研究 [D]. 合肥工业大学, 2017.

[103] 杨敏英. 解析负值的能源弹性系数 [J]. 数量经济技术经济研究, 2003 (4): 55-58.

[104] 姚愉芳. 影响能源弹性系数的因素分析 [J]. 数量经济技术经济研究, 1993 (1): 49-56.

[105] 殷建平, 王彦辉. 我国居民用天然气价格承受能力研究 [J]. 价格理论与实践, 2012 (6): 47-48.

[106] 殷建平, 周军军. 完善我国天然气定价机制的对策研究——由天然气短缺引发的思考 [J]. 价格理论与实践, 2010 (3): 32-33.

[107] 殷建平. 论我国天然气价格改革的深入与完善 [J]. 价格理论与实践, 2014 (3): 13-16.

[108] 殷建平. 我国推广居民用气阶梯定价制度的几点建议 [J]. 价格理论与实践, 2014 (5): 12-14.

[109] 张川, 朱怡, 黄星. 川渝地区居民用气推行阶梯价格探析 [J]. 天然气工业, 2012, 32 (7): 90-92.

[110] 张娱, 北京燃气集团发展战略研究 [D]. 对外经济贸易大学硕士论文, 2016.

[111] 赵学明, 王轶君, 徐博. 国外天然气管道管理体制演进及对我国的启示 [J]. 中国能源, 2014, 36 (5): 15-21.

[112] 周淑慧. 管网及价格改革措施密集出台中国天然气市场化改革提速 [J]. 国际石油经济, 2017, 25 (1): 17-19.